艺术体育
高校学术研究论著丛刊

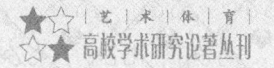

基于大数据的学校体育教学与风险防控机制研究

李树旺 著

中国书籍出版社
China Book Press

图书在版编目 (CIP) 数据

基于大数据的学校体育教学与风险防控机制研究 / 李树旺著 . -- 北京：中国书籍出版社，2022.10
ISBN 978-7-5068-9243-8

Ⅰ.①基… Ⅱ.①李… Ⅲ.①学校体育 - 教学研究 Ⅳ.① G807.01

中国版本图书馆 CIP 数据核字（2022）第 201337 号

基于大数据的学校体育教学与风险防控机制研究

李树旺　著

丛书策划	谭　鹏　武　斌
责任编辑	毕　磊
责任印制	孙马飞　马　芝
封面设计	东方美迪
出版发行	中国书籍出版社
地　　址	北京市丰台区三路居路 97 号（邮编：100073）
电　　话	（010）52257143（总编室）　（010）52257140（发行部）
电子邮箱	eo@chinabp.com.cn
经　　销	全国新华书店
印　　厂	三河市德贤弘印务有限公司
开　　本	710 毫米 ×1000 毫米　1/16
字　　数	197 千字
印　　张	11.75
版　　次	2023 年 3 月第 1 版
印　　次	2023 年 5 月第 2 次印刷
书　　号	ISBN 978-7-5068-9243-8
定　　价	72.00 元

版权所有　翻印必究

目 录

一、简介部分 …………………………………………… 1
    1. 标题 ………………………………………………… 1
    2. 摘要 ………………………………………………… 1

二、主体部分 …………………………………………… 3
    1. 研究问题 …………………………………………… 3
    2. 研究背景和文献综述 ……………………………… 5
    3. 研究程序 …………………………………………… 21
    4. 研究结论、分析与讨论 …………………………… 26
    5. 对策与建议 ………………………………………… 132

三、主要成果 …………………………………………… 152

参考文献 ………………………………………………… 153

附录（插图、表格、问卷）……………………………… 170
    图目录 ………………………………………………… 170
    表目录 ………………………………………………… 172

一、简介部分

1. 标题

基于体育健康大数据的学校体育教学安全与风险防控机制研究

2. 摘要

学校体育发展激发了青少年运动参与的热情,但同时,体育伤害事故叠加及新冠疫情的影响,使校园运动风险成为政府、社会和家庭共同关注的热门话题,有效防控运动风险成为学校体育发展的关键。为促进学校体育安全,北京市教委、体育局相继出台文件加强政策引领,但学校层面在准确识别运动风险、精准定位"风险源"和"风险点"等方面仍存在缺憾之处。为此,"基于体育健康大数据的学校体育教学安全与风险防控机制研究"课题组启动了一项"学校体育运动风险因素"问卷调查,并对清华大学、北京大学、北京工业大学等高校进行考察,旨在为完善学校体育风险防控机制和制定相关政策提供实证依据。

调查发现:

(1)校园运动"风险源"主要来自"学生自身",也就是因学生行为导致的风险或学生自身隐含的风险,是"严重且可能性高"的风险隐患。另外,"场地设施""教师教学""风险应对"三个维度的风险又分别具有不同的等级和类型。

(2)学校体育存在 19 项属于不同"严重性"与"可能性"的"风险点",并且,不同类型的学校和参与者的运动风险各不相同。

(3)运动风险防控要面对的主要问题包括:"教师对风险严重性认识不足,存在轻忽心态""学生认为运动风险的可能性不高但危害很严重,存在既畏惧风险又缺乏风险防范的矛盾心理""学校内经营性健身俱乐部的特殊风险隐患"等。对策建议包括:坚持把"系统化监管"作为"第一理念",以建立层次分明的风险防控体系;坚持把"运动安全教育"作为"第一要务",以完善以"学生"为核心的风险防控机制;坚持把"多元环境监管"作为"第一责任",以进一步优化学校体育运动环境;坚持把"大数据融合"作为"第一动力",以推动运动风险监管数字化平台建设。

二、主体部分

1. 研究问题

1.1 研究目的

有效防范化解各类风险挑战是党的十九届五中全会确立的保障社会主义现代化事业顺利推进的重要内容。2020年4月国家体育总局、教育部发布了《关于深化体教融合 促进青少年健康发展的意见》,明确指出加强学校体育工作、树立"健康第一"的教育理念,让学生在体育锻炼中享受乐趣、增强体质、健全人格、锤炼意志;2020年10月中共中央办公厅、国务院办公厅发布《关于全面加强和改进新时代学校体育工作的意见》,大力规划学校体育的新时代发展,向学校体育发展注入充沛的动能。但是,学校体育伤害事故叠加新冠疫情影响使校园运动风险成为政府、社会、家庭共同关注的热门话题。为准确识别学校体育运动风险,精准定位"风险源"和"风险点",探讨基于体育健康大数据的学生体育教学安全与风险防控机制,特申请"基于体育健康大数据的学校体育教学安全与风险防控机制研究"课题,力求通过"学校体育运动风险因素"问卷调查和其他实证研究方法,探讨规避学校体育风险,保障学生运动安全的对策。

1.2 研究意义

本课题的研究意义体现在两个方面,一是具有极大的学术价值,二是具有一定的实践指导意义。

学术价值在于本研究融合体育学、统计学、社会学、管理学等多学科的学科理论和研究方法,对运动风险防控和健康数据平台建设这一研究主题展开研究,研究过程中所采用的新的研究范式和技术路线,新发现的知识点和研究经验,以及最终的研究成果在理论方面都具有一定的学术价值。

实践指导价值是本课题研究的核心意义所在。一是研究成果不仅可以降低教育行政部门及学校的管理风险,为学生的身体健康保驾护航,而且是深化体育教学改革的创新,更是对"互联网+"行动计划的积极响应,可为教育改革创新和"互联网+"教育提供借鉴。二是在对已有的关于体育教学安全以及体育运动风险的研究文献综述的基础上,发现在体育教学安全风险防控中因缺乏数据和模型的支撑,无法形成一套可精确识别风险致因、实时量化和评估风险、及时应对风险和准确评价风险防控效果的机制,也导致了现有学生体育教学安全防控的效率极低。然而,随着物联网、大数据、云计算技术的快速发展,通过实时监测与预警从根本上减少甚至杜绝安全事故的发生已经成为可能。因此,本研究的重要实践价值旨在运用物联网技术对学生体育教学中的生理状态进行实时监测,并结合学生体检数据、学生历年体质测试数据等,搭建学生体育健康大数据中心,建立一套集实时数据采集、大数据分析与安全预警、基于体质分类的个性化教学与风险应对、定量化的风险管理效果评价为一体的学生体育教学风险防控机制,以促进学校体育运动风险防控、保障学校体育健康地开展及增强学生的体质健康水平。

1.3 研究假设

高校体育的运动风险是一个具有一定层次和结构的体系,建立基于体育健康大数据的学生体育教学安全与风险防控机制,能有针对性地防范运动风险,并取得更高的风险防范效益。

1.4 核心概念

风险管理:通过对风险的识别、评估和防范,力求以最小的成本使风险损失降到最低。

学生体育教学运动风险识别:风险防控人员通过运用有关的知

识和方法,全面、系统、连续地搜寻和发现损害学生体育教学运动安全的风险来源,以及对潜在的或者逐渐显示出来的风险进行识别的过程[1]。

学生体育教学安全风险防控机制:通过采集学生体育健康相关数据,包括课时信息、运动环境信息、体检体测数据和穿戴设备提供的实时运动健康数据等,在数据清洗、数据建模、数据计算、数据分析的基础上,对分析结果加以甄别和判断,梳理影响运动安全的因素及其相互影响和作用,建立一套体育运动健康风险识别、预警、防控的系统。

2. 研究背景和文献综述

2.1 研究背景

2.1.1 学校体育的安全忧虑

体育是学校教育的重要内容,是塑造学生体魄、精神、人格的关键教育手段。青少年学生健康不仅直接关系到学生个人的发展,还关系到国家体育事业的进步和国民健康素质的提高[2]。当下我国倡导实现从体育大国向体育强国的转变,而体育强国建设包括群众体育、竞技体育、体育教学、体育产业和体育文化等内容,自然对学校体育教学提出了更高的标准和要求。但同时,近年来出现的"学生体质健康水平持续30年下滑""青少年近视高发"等问题也为学校体育教育赋予更大的历史责任。在这个大的历史背景下,2020年4月国家体育总局、教育部发布了《关于深化体教融合 促进青少年健康发展的意见》[3],明确指出加强学校体育工作、树立"健康第一"的教育理念,让学生在体育锻炼中享受乐趣、增强体质、健全人格、锤炼意志。2020年10月中共中央办公厅、国务院办公厅发布《关于全面加强和改进新时代学校体育工作的意见》[4],提出加强各阶段体育课程和教材体系建设、强化学校体育教学训练、配齐配强体育教师、改善场地器材配备等具体要求。上述文件体现了国家对于学校体育工作的高度重视。

然而,由于体育锻炼所具有的特定运动强度属性[5],体育课程存在引发意外伤害事故的安全隐患,因而也被社会和公众所警惕。根据一项基于北京、上海、广东等地区十所民办高校在校大学生的问卷调查,超

40%的被调查者表示在校期间有过不同程度的体育伤害经历[6]。具体案例如,2012年西安交通大学城市学院一名学生在体育课热身活动时猝死[7],2016年哈尔滨一名大学生体育课期间意外摔伤[8],2020年湖南长沙一名学生在体育课上猝死[9],等等。上述运动伤害案例说明了我国目前体育课风险应急意识尚有欠缺,安全管理机制也有疏漏。一方面,在日常的教学活动中,校方和家长往往忽略对学生的体育风险意识教育和运动健康教育,学生自身也缺乏相应的自我保护意识,导致体育课程引发伤害事故的潜在风险不断提高。另一方面,在这类案件的处理中,家长敏感度变得更高,维权意识不断加强,提出高额赔偿的要求,近八成发生运动事故的学校被判担责[10],使得学校难以承受。因此,在体育教学"健康第一"的核心诉求下,很多学校为了减少和规避风险,"不求有功但求无过"的想法成为一种无奈的现实选择。由此也导致一些传统体育课程内容,诸如单杠、跨栏、跳马、标枪等项目已经无法在校园开展;体育课程运动强度也大大削弱,有些学校甚至只能按照教学大纲进行一些最基本的基础训练。运动风险对体育课程运动质量的反噬导致体育的价值被弱化,运动风险与体育发展的恶性互动在一定程度上成为限制学校体育活动开展的重要阻碍因素。

2.1.2 高校运动风险与风险防控

高校学生是祖国的未来,学生体质健康一直以来都是社会各界关注的重点,体育锻炼对于学生而言则是最简单、实用的增强体质的方式之一[11]。然而,近年来体育运动带来的运动风险事故越来越多,不正确的体育运动严重损害了学生健康,特别是在高校体育教学运动中,存在诸多安全风险因素。虽然高校学生的身体发育已经成熟,但是他们难免依旧保持着活泼、好奇的性格,在体育运动中可能会比较激进,也正因此,学生在体育教学运动中更容易遇到风险。所以,如何培养学生正确识别运动风险、对风险进行评价并做出有效的应对措施非常重要。以北京高校为例,作为国家的重要教育基地之一,教育水平居于全国前列,但是由于学生基数庞大,所以在体育教学运动安全方面的风险也大大增加。学生的运动风险事故在不时地冲击着社会心理的底线。

2015年5月,教育部印发《学校体育运动风险防控暂行办法》,首次在国家层面对学校体育运动风险防控进行政策部署[12]。2016年5月,国务院出台《国务院办公厅关于强化学校体育促进学生身心健康全面发展的意见》,强调健全学校体育运动伤害风险防范机制,保障学校体育工作健康有序开展[13]。各大高校在学习国家文件的基础上,都在探讨高校体育运动风险防控准则和机制。由此,构建学校运动风险防控机制、预防和避免体育教学运动安全风险的发生逐渐成为高校体育发展的重要组成部分。可见,建立政府主导、部门协同、社会参与的安全风险管理机制,有效防控运动风险,为学校体育的发展保驾护航,成为新时代学校体育发展必须解决的一个问题。

然而,体育课程是一套复杂的组织运行系统,往往受多种要素的共同影响,目前的学术研究多从单一层面对体育课风险进行探讨,缺乏科学全面的评估环节。因此,在新时代学校体育发展背景下,如何运用风险管理理论及其相关知识对学生体育教学运动安全风险进行识别、评估、应对,构建风险防控机制?如何既能释放体育锻炼的活力,使学生充分获得体育乐趣,又能规避体育课程潜在风险,保障学生的人身安全?如何制定相应的应对措施?对这些问题的追问不仅能为学校体育课程的安全管理提供理论参考,还可以为学校学生体育教学运动改革提供完善的安全保障。

2.1.3 体育与风险防控大数据平台建设

目前,各种健康监测设备不断涌现,产生的监测数据爆发式增长,而且这些数据具有多源异构等特征,使得传统的健康信息管理系统无法快速地处理这些数据。于是人们开始寻求新技术来解决,其中就包括被人们津津乐道的大数据技术。自Hadoop2开源以来,其生态系统迅速发展,涌现出许多优秀的开源框架,为大数据处理提出技术解决方案。其中较为成熟的框架如ActiveMQ和HBase,ActiveMQ是一个分区多副本的、多发布订阅者模式的分布式消息传输系统,适用于高吞吐量、低延迟和统一平台,以便管理或处理实时数据;HBase是一个面向列的开源分布式NoSQL数据库,具有动态修改、水平伸缩、范围查询等特性。利用上述大数据技术建设健康监测与运动风险评估的大数据平台,实现运动风险评估与识别、数据存储、管理和利用,对于学校体育运动风险的应对具有重要的参考价值和巨大的资源利用价值。

近年来,大数据技术已经在体育领域得到了初步应用,但是,体育健康与风险评估大数据的采集、传输、存储、管理、加工和应用等各个环节仍然面临许多的挑战。与其他行业大数据相比,体育大数据存在数据量巨大、种类繁多的特点，很难将其收集起来统一存储。因此，源源不断产生的监测数据会成为一个个的数据孤岛，导致这些数据不能被有效利用。现有的监测数据系统间交换数据一般为定制开发，采用点对点的数据传输，没有统一的数据标准，并且各个模块间紧密耦合，导致大量数据冗余，也不利于系统维护和扩展。因此，迫切需要构建一个实现数据统一采集、高效传输、高可靠集中存储、统一发布的体育健康与风险评估的大数据平台。

2.1.4 体育教学风险防控的盲点

高校的学校体育包括体育教学、课外体育活动与比赛、高水平运动队训练三个部分，三者共同构成高校校园的体育体系。在这个体系内，除上述三个有较强组织性的体育形式外，还有经营性健身俱乐部、自组织跑团等形式，这些弱组织化的体育形式由于其相对松散和非大众性的特征，往往成为风险监管的盲点。以经营性的健身俱乐部为例，随着人民生活水平的提高和对健康生活方式的强烈需求的出现，体育健身俱乐部作为一种新型体育服务机构逐步发展起来。高校是培养人才、提高学生综合素质、实施国家健康战略的目标场所之一，具备丰富的健身资源与浓厚的健身氛围。因此，大学生健身需求成为高校健身俱乐部创建和发展的有利条件。高校健身俱乐部只有遵循科学的组织原则和运动规律才能真正丰富学校师生的体育文化生活，更好地响应健康中国建设的号召，满足校内学生的体育兴趣需求，弥补体育课的有限性和不足。因此，如何将校内的体育场地资源与体育师资力量充分整合，发挥教师的专业能动性，调动学生的锻炼积极性，延长场馆使用时限，在科学组织的前提下做好相应的风险预防和应对措施，这是管理者必须进行顶层设计和提前规划的内容。

除上述组织性的疏漏外，非体育专业的高校体育运动参与还存在缺乏足够的体育学科支持的问题，其体育活动与专业体育院校的校园体育活动具有很大的区别，可能会因为较为明显的专业性短板而导致运动伤害事故频发。因此，应用实验性研究方法，在运动生理学和生物力学等专业理论的指导下针对非体育专业院校的大学生进行实验对比，在促进运动效益并提高运动风险识别的同时，还可以梳理出有效应对的科学方法，作为非体育专业院校提升运动风险管理的有效举措。

综合历史背景和社会发展趋势，当前我国学校体育进入建设体育强国战略引领的新时代,学校体育特别是高校体育肩负着艰巨的历史使命,"要树立健康第一的教育理念,开齐开足体育课,帮助学生在体育锻炼中享受乐趣、增强体质、健全人格、锤炼意志"成为高校体育发展的目标引领。在高校体育面临难得的历史契机的背景下,运动风险始终是影响"健康第一"理念的一个阴影,如何在发展高校体育的同时加强运动风险管理,通过评估、预判、应对等工作机制有效管控运动风险成为新时代高校体育亟待解决的难题。梳理并评估高校运动风险因素,通过建立体育健康与运动风险管理的大数据平台进行预判和应对,同时主动弥补高校体育中的组织松散和科学性不足的运动风险疏漏,将是有效疏解上述风险管理难题的关键举措,也是本研究的重要旨归。

2.2 文献综述

2.2.1 运动风险研究:认知、归因与管理

2.2.1.1 国外相关研究述评

国外的体育风险研究注重在不同领域、不同场景下进行分析,例如竞技体育、学校体育、体育休闲娱乐、国家体育组织管理、体育赛事运营和大型体育设施等相关领域或场景,主要的研究内容包括运动参与人员的风险认知、健康风险、风险归因、风险评估以及管理4个方面。

在对运动风险的认知方面,Paffenbarger 等研究发现,在西方社会,参与日常社会生活时死亡的风险通常较低,但高强度运动的死亡率高于大多数其他常见活动。因此,体育参与者在运动中遭受轻微或严重伤害的概率往往大于他们在其他日常活动中面临的风险,体育运动中的风险是与生俱来的[14]。Rottenburg 指出,由于体育运动本身充满风险的特殊属性,使得无论国家、地区、民族的人们,都给予了体育极高的关注[15]。一个基本的共识是,运动伤害不是一个公共健康问题,而是取得竞技运动成功的代价[16]。运动中风险的评估与管理作为一种减少责任和疏忽可能性的方法已经得到学者们的关注[17]。可见,在国外特别是西方文化视域中,一般承认运动风险是一种客观存在,是一种可测量的不确定性,并认为运动风险是体育运动的重要特征之一。

对健康风险的研究主要分为两类。其一,不同运动项目的健康风险

比较。Lincoln 等调查了 12 所高中男女学生运动项目脑震荡的发生率和相对危险性,研究发现,运动中的健康风险在性别和运动项目两个指标上存在差异——运动中女孩脑震荡的发生率是男孩的 2 倍,足球和曲棍球等激烈对抗项目发生脑震荡的概率比较高[18]。其二,运动伤害的风险发生率。例如,Kyritsis 等聚焦于运动员前交叉韧带移植物断裂的可能性,通过对 158 名前交叉韧带重建的男性职业运动员进行测试调查发现,在恢复职业运动前未达到出院标准的运动员,其前交叉韧带移植物断裂的风险是达到出院所有 6 项标准的运动员的 4 倍,说明运动康复对于预防运动伤害的重要价值[19]。

对运动风险的归因也是一个非常重要的研究领域,在该领域中对运动负荷的研究最为丰富。Blanch 等对伤愈复出的运动员再次发生损伤的可能性进行研究,基于对板球、橄榄球联赛运动员的调查,研究发现,当运动员一周的训练和比赛负荷(急性负荷)超过过去 4 周的平均水平(慢性负荷)时,他们更可能受伤。急慢性负荷比和受伤可能性之间存在很强的相关关系,因此,在重返赛场的决策过程中应包括急慢性负荷比的评估[20]。Bowen 等对 32 名运动员进行了两个赛季的负荷数据和伤病发生率监测,研究发现,更高的工作负荷累积和急性工作负荷与更大的伤害风险相关。然而,慢性负荷的逐渐增加可能会提升运动员对更高急性负荷的身体耐受性和对受伤风险的恢复能力[21]。

风险管理的相关研究最早出现于 20 世纪 50 年代,Williams 和 Heins 首先对风险管理的概念进行了较为清晰且全面的界定,认为风险管理是通过对风险的识别、评估和控制,并以最小的成本使风险所致的损失达到最低的管理方法[22]。此后 James 对于风险管理的概念界定得到了更为广泛的认可,他指出风险管理是企业或组织为控制偶然损失的风险,以保全获利能力和资产所做的一切努力[23]。国外相关研究范式主要是通过开发量表对教学或训练进行风险评估和管理。Porsanger 的研究建议加大任职前教师在体育课程中的风险管理培训,通过补充和拓展教师的风险管理知识,以减少运动风险事故的发生[24]。Eickhoff-Shemek 在其研究中提出了风险管理的四个步骤:

(1)评估风险;

(2)制定风险管理策略;

(3)实施风险管理策略;

(4)评估策略。

并且认为通过以上步骤可以降低风险的发生率[25]。Murphy关于体育教学风险的评估与管理研究指出,体育教学中的风险评估主要分为教学设备及设施、监督、指导、急救和医疗程序以及管理行为等5个维度,进而为体育管理人员提供了一个体育风险评估的模型[26]。其他风险管理研究还包括设计具体的风险管理方案,即通过运动参与主体的行为或环境的改变,预防运动伤害的发生。例如,Shehab对运动员运动前的拉伸和运动损伤进行调查研究发现,约95%的教练认为运动前的拉伸运动是有益的,特别对降低受伤风险作用较大[27]。Dougherty关于缓冲区对降低运动伤害的研究认为,缓冲区或安全区在体育运动中非常重要,并建议篮球场的边线及端线外应留出3米(10英尺)的净空间,这样可以有效降低运动员在运动中受到伤害的概率[28]。

总体而言,国外体育运动风险相关研究主要运用客观主义、主观主义,以及客观、主观和社会维度的各种混合[29]这样三个理论视角展开研究,研究方法以心理测量法和文化学方法为主。前者依赖于大规模调查的统计分析,以确定影响客观风险的主观感知的心理、情感和社会等因素[30];后者在认知层面接受风险的客观现实,但纳入了特定文化制度因素,在如何使得某些客观风险在公共辩论中更加凸显对这一社会性建构作用的理解[31]。在国外的研究中,客观主义、现实主义和社会建构主义的风险概念被有效地应用于体育领域,心理测量学和文化方法的应用也成为重要的选择,例如Coakley运动员对运动损伤的亚文化研究[32]。

2.2.1.2 国内相关研究述评

(1) 运动风险的归因、识别与管理研究

国内研究主要从风险归因、风险识别与评估、风险管理三个领域展开讨论。就本研究主要关注的学校体育风险而言,从体育运动过程中风险事件的诱因这一概念界定的角度出发,分析造成学校体育风险的原因,从而建立风险识别与评估机制是一条可行的路径[33]。一般而言,由于体育运动不同于其他生活方式,存在诸多对个体造成一定程度风险的不可控因素,风险事件发生后会影响个体的运动安全,也就会影响到个体增强自身体质健康的目标,因此体育运动风险得到解决的本质就是实现运动安全与运动目标的问题[34]。综合而言,学校体育风险的概念可以界定为:学生在学校进行体育运动的过程中,由于风险致因而导致风险事件发生,从而引发运动安全事故与运动目标缺位。

首先，一般研究对于体育风险的归因主要从"过程"和"结果"两个角度进行。在体育运动过程中的超负荷运动、运动的外部环境以及个人的自身因素等都有可能成为体育运动风险发生的原因[35][36]；而体育运动过后也可能出现相应的生理或心理的损伤，对体育运动参与者造成风险[37]。在学校体育领域，已有研究对于导致学校体育风险事件的归因主要包括环境因素和人为因素两类。环境因素包括天气风险、场地风险、器材风险等，这些因素造成的风险伤害极高。例如，冰雪运动对场地器材要求较高，若场地和器材未达到标准，很容易引起高风险。我国目前正积极推进校园冰雪运动的开展，这一领域也是学校体育风险防范的重点[38][39]。人为因素包含自身风险和他人风险，自身风险包括学生缺乏对运动风险的预知、体质发育较差、运动技能较差等；他人因素主要是学生在运动过程中与其他学生碰撞所造成的风险，以及个别同学不遵守课堂纪律造成的风险事件[40][41]。只有对风险事件进行精确识别，才能够进行有效评估。

其次，在体育风险的识别与评估方面，不少研究使用了风险管理的概念[42][43]。风险管理就是控制风险事件，使得损失降到最低。一般来说，风险管理的过程便是由风险识别到风险评估再到得出风险应对策略的过程。学校体育领域的研究亦是如此，需要结合学校体育的实际，在风险评估后对存在的风险进行测评，确定风险因素的等级，从而达到科学的风险评估水平，最终针对不同等级的风险确定应对风险的手段。在风险识别方面，石岩[44]、张大超[45]、翟虎翔[46]的研究认为，对于学校体育风险的识别，最重要的是找出造成风险事件的诱因。在风险评估方面，师耀武[47]、李晓亮等[48]的研究表明，学校体育风险评估的指标维度主要集中在风险危害程度、风险后果、风险概率和风险可控性等。

（2）成熟的研究方法与范式

体育运动安全风险识别或通过历史经验总结和感性认识进行，或通过对各种各样的资料收集、专家访谈分析与整理等进行，但是，由于风险自身的多变性，只有应用实时性和系统性的方法进行风险识别才是必要的和科学的。当前，得到广泛应用的风险识别研究方法可以分为以下四种[49][50][51]。

①专家调查法。专家调查法或称专家评估法，是以专家作为索取信息的对象，依靠专家的知识和经验，由专家通过调查研究对问题作出判断、评估和预测的一种方法。具体到本研究课题，专家调查法是指通过

二、主体部分

对专家进行咨询调查(主要包括体育教学训练的专家和风险管理的专家),收集整理专家的意见,从中确定哪些是影响学生体育教学运动安全的危险因素,并编制安全风险调查问卷,请有关专家和体育教学人员对可能出现的风险因素及其严重程度进行定性评估。专家调查法分为"德尔菲法"和头脑风暴法。

"德尔菲法",也称为专家访谈法,由美国兰德公司于1946年创始实行,本质上是一种反馈匿名函询法,其大致流程是:对所要预测的问题征得专家意见后,进行整理、归纳、统计,再匿名反馈给各专家,再次征求意见,再集中,再反馈,直至得到一致的意见。它属于一种便于操作且实用性很强的方法,主要应用在各种预测和决策中,用途广泛。尤其在风险涉及的原因较复杂,难以运用简单的分析方法去识别时,专家访谈法是识别风险因素的有效手段之一。具体的操作流程包括:第一轮让管理者根据实际情况制订学生体育教学运动风险防控的方案,明晰风险调查的内容,并且邀请数名领域专家,以发放调查表的方式进行提问。调查表只是提出预测问题,由专家根据主题进行事件预测,偏向开放式作答,管理者要将专家填好的信息表进行整理,用学术语言概括出预测事件一栏表,得到第二张调查表。第二轮继续将表格发给专家,让专家对第二轮表中的每个事件作出评价,管理者最后对表格进行统计处理,得出第三张调查表。如此反复让专家们的意见达到一致,结果作为最终的风险识别依据。

头脑风暴法于20世纪70年代末在我国得到广泛应用,一般是10人左右组成专家小组,每个人都可以充分发挥自己的个人想法,从而激发参与者的创造思维,提出更多的设想。具体步骤包括人员选择、会议主题明确、轮流发言记录、循环发言和发言评价五大部分。首先是人员选择,参与头脑风暴的人员主要是体育教学专家、风险防控专家等,主持人需要有强大的逻辑思维、归纳总结及其综合分析的能力;其次,在进行会议之前,要说明会议主要内容和主题目标;然后是发言记录环节,要接纳与会专家的任何意见,先不予评论,记录人要原封记录每条意见并展示出来;接着是循环发言阶段,收集到专家的诸多意见后要进行整理分析,并且向专家们反映整理后的真实情况,让专家的意见逐渐达到一致;最后,发言结束还要对意见进行逐条评价,总结出重要有效的结论。

②检查表法。基于系统分析,运用系统工程的分析思想,找出所

有可能存在的风险源,并且通过提问的方式将这些风险因素陈列在表中[52]。

③结构分解法。将整体结构分解为若干个小结构系统,并将复杂问题简单化以便于识别出风险[53]。例如从风险损害导致的结果进行分解,根据层层逻辑推理来摸索风险致因,并基于风险防控目标进行层层分解。

④情景分析法。又可称为前景描述法[54],在推测的基础上通过体育教学运动安全风险的外部环境因素进行研究,识别影响学生运动安全的风险因素,并将有关联的单独预测综合为总体性的预测。研究学生体育教学运动安全风险的情景分析方法众多,包括故障树分析法等,需要对各种方法进行比较,选择合适的风险识别方法。

综合已有研究方法及其技术路线,风险评估应首先确定评估方法,其次建立评估指标体系或模型,最后进行评估分析。涉及风险评估的方法问题,前期研究常用方法包括问卷调查法、风险清单检查法和专家访谈法等。其中,定量的分析可以直观体现并有效评估学校体育风险[55],但应注重定性与定量相结合的评估方法,借助相关理论与专家经验对风险进行更深层次的且更准确的评估[56][57]。最后,完成风险识别与评估,就要对风险进行有效应对,以达到避免或降低风险事件发生概率的目标。在学校体育的运动风险管理研究领域,陈明伟等[58]的研究总结发现,目前主要运用降低风险、转移风险以及规避风险等方法进行风险应对。杨亚琴等[59]、刘红等[60]、连小刚等[61]的研究认为,风险管控的应对措施应包括严格的安全教育、课堂学习行为的严格监督、了解学生的运动能力并因材施教、场地器材的定期检查、为学生购买意外伤害保险等。

综上所述,国内学者前期的相关研究成果形成了相对稳定的研究范式,为后续更深入地探讨提供了一定的理论基础和实证经验。已经形成的比较一致的结论包括,造成学校体育风险事件的主要原因集中在教师、学生、场地器材和应对措施这四个方面,评估事项集中于学校体育风险发生的可能性与严重性,等等。但现有研究大都缺乏理论指导与模型验证,而且在研究方法的选择上,以定量的研究方法为主,定性研究相对较少。虽然定量的分析可以直观体现并有效评估学校体育风险,但定性与定量相结合的评估方法更具科学性。为此,本研究将在借鉴已有问卷量表和评估方法的基础上,应用IPA分析法建立学校体育风险评估模型,在专家访谈和文献资料研究的基础上提出更加完善的应对方案,以期对学校体育风险应对的策略提供支撑。

2.2.2 体育健康与运动风险大数据研究

随着科技进步和信息化的不断发展,大数据、物联网、人工智能等新兴科技不断涌现,使得存储和管理海量健康数据成为可能。同时,包括学生在内的民众对自身健康关注度不断提升,人们开始寻求在海量的健康数据中挖掘潜在的数据价值。研究如何存储、管理、应用大容量的健康监测数据,并在此基础上建构运动风险评估的指标体系和应对策略逐渐成为研究的重点。利用健康监测设备采集日常健康指标,并结合传统的预防与治疗信息系统提供的健康数据,挖掘出更多的风险防控的数据价值,不仅能够提高健康服务水平,还能全面提升风险监管领域的工作效率。

2.2.2.1 体育健康大数据的研究

（1）国外相关研究

国外对于体质健康测试数据的研究起步较早,主要来自美国和欧洲国家。美国在20世纪70年代就开始利用计算机技术对学生的身体素质检测进行管理,随着互联网和计算机技术的不断更新,美国目前已经设计了特有的学生体质健康测试数据管理系统。通过对美国学生体质健康测试数据管理系统的研究发现,该系统有两个主要的功能,第一是依据学生的体质健康测试成绩对其身体健康状况进行评价,第二是借助电脑评估对学生提供运动和饮食方面的建议,同时该系统还具有对学生各项测试数据进行管理和统计分析的功能。美国的学生体质健康测试数据管理系统的重要功能之一是产生两种报告,分别是家长版本和学生版本。学生版本中包含了其本次体质健康测试数据的综合情况以及和历次体质健康测试成绩的对比,较为全面地反映出该生在这段时期内的身体素质变化状况。家长接收到的版本更多地涵盖了该系统提出的建议——希望家长对学生进行督促以促进学生身体素质的提高。美国的学生体质健康测试数据管理系统的优点就是能迅速在体测结束后把报告反馈给学生本人和家长,借此实现学校与家庭之间关于学生健康促进的良好互动。对比之下,我国有些学校的体质健康测试仅仅是为了采集并上报整体数据,缺乏家长对学生各项身体指标的及时认识,无形中弱化了各类健康测试的实际效益。借助学生体质健康测试数据管理系统,美国利用计算机技术较为科学地实现了对每个学生的个性化健康指导服务。20世纪60年代,法国也已经尝试把计算机技术应用在教育管理系统方面,后来又利用智能化的体重秤将体重数据上传到专门的体质数据分析公司数据库中,比如Google Health和Daily Burn上等,借助这些平台的数据生成适合本人的饮食和运动方案。但是仅仅利用智能体重秤来进行体质数据管理,功能相对来说比较单一并且不够准确。

近些年,国外一些学者就如何优化健康大数据的采集、储存、分析等方面做了许多努力。Muhammad Nsr Khan[62]等人提出了一个名为My Health Cloud（MHD）的管理患者医疗报告的可视化移动医疗平台,该研究提供了一个新的患者驱动的存储、检索和为医生和患者共享患者医疗报告的方法,目的在于最大程度地发挥移动设备的优势,提供更好的医疗健康技术。Abderrazak Seba[63]等人探讨了如何使用大数据技术提高医疗数据的仓储性能,将hadoop框架以及其开源相关组件HBaseHive等应用于仓储问题的解决,对健康监测数据平台的建设起到了一定的参考作用。M.D.Samiul Islam[64]等人利用电子设备来提高医患之间的交互效率,并通过收集这些电子设备数据,使用机器学习方法做出预测,实现数据驱动的医疗系统,以提高医疗服务的水平和质量。此外,国外有很多学者利用大数据、机器学习、AI人工智能技术在医疗行业进行了研究,在疾病管理、疾病预测、药物研发等方面都取得了重要成果。

（2）国内的相关研究

在国内,大数据技术、物联网技术在体育与健康医疗领域的应用也正在受到重视和关注,并在逐步推进。自我国将大数据纳入国家战略以来,大数据在体育与健康医疗领域得到广泛的应用并成为发展重点。2018年1月和5月,我国分别发布了《全国健康医疗大数据应用共享平台》和《全国健康医疗行业云平台》,目的在于培育健康医疗大数据产业应用新生态,推动其信息化与智能化快速发展。国家体育总局为了落实《国务院关于加快发展体育产业促进体育消费的若干意见》的相关内容,于2018年8月9日成立了中国体育大数据与区块链实验室,旨在推动大数据与区块链等信息技术与体育产业的深度结合,利用大数据与区块链技术促进体育事业的转型升级,更好地为社会民众及体育界人士提供服务。此外,百度、阿里巴巴等互联网公司纷纷进军体育与健康行业,

二、主体部分

整合大数据引擎,把海量的多源异构健康数据上传到自己的云平台,充分分析和挖掘所有数据,基于 AutoML、特征工程核心算法进行 AI 辅助筛查,为相关机构提供快速响应的体育与健康服务。国内学者也对大数据技术在健康领域的应用做了一些研究。曾航齐、黄桂新采用 hadoop 框架结构、spark 计算框架、SDB 分布式数据库为构建健康档案大数据平台提供了新的技术方案和思路[65]。贾宁、李瑛达设计了基于可穿戴设备的个性化健康监管平台,将医疗信息、物联网技术、大数据技术融合在一起,为用户定制个性化数据指标指导[66]。王勇、尹鹏飞等利用 HBase 和 Phoenix 构建了高性能的健康监测大数据平台,并对平台的读写性能进行了优化,这些研究对体育健康大数据的存储和管理研究都有很高的借鉴意义[67]。

要解决体育健康大数据的集中采集存储、复用与交换的问题,关键在于解决数据标准化和大规模数据传输的问题,各类数据格式和接口等无法统一,使得健康监测数据很难得到完整、有效地收集和利用。针对此问题已有学者进行了研究,赵博扬、王勇研究了适合健康监测大数据的接入协议和发布协议,为健康监测数据的采集和发布共享提供了思路,但仍需要在具体实施中进一步验证[68]。在数据传输方面,随着消息中间件技术的发展,数据传输方式已逐渐由点对点的消息传输过渡到基于中间件的消息传输。目前比较流行的分布式消息系统有 ActiveMQ、RabbitMQ、ActiveMQ 和 ZeroMQ 等,其中值得一提的是基于 ActiveMQ 的实时数据管道和流应用。ActiveMQ 作为一个分区的多副本的、多发布订阅者的分布式消息传输系统,被广泛用作消息中间件来支持异步消息的通信[69]。Twitter、LinkedIn、Yahoo、Netlix 等公司均使用 ActiveMQ 作为流处理、实时分析以及数据收集的工具。如今越来越多的分布式处理系统如 Spark、Storm 等都支持与 ActiveMQ 集成。樊鹏、邱俊宏等基于 ActiveMQ 消息队列构建能效信息分布式管理平台,实时采集电表、水表等设备的数据进行分析和处理,实现能源使用的智能化,将 ActiveMQ 作为各个微服务之间消息通信服务器,充分利用了其高效数据传输方面的优势[70]。基于 ActiveMQ 分布式消息队列,樊鹏、邱俊宏等构建了一个高性能电量采集系统,采用 ActiveMQ 消息发布—订阅模式,解决了集中式采集的低扩展性难题[71]。

基于上述相关研究发现,由于体育健康监测数据涉及许多方面,尚未形成互操作的标准,数据平台的建设也处在研究阶段。先前的研究要么不适合健康监测数据的特点,要么有待实践验证。综合来看,基于ActiveMQ 和 HBase 等 Hadoop 技术在分布式健康监测大数据平台中数据的集中采集、传输、发布、共享等方面的应用具有很高的研究价值。

2.2.2.2 运动风险管理大数据的相关研究

(1)国外相关研究综述

对于运动风险管理的研究,国外学者的研究视角较为丰富,包括围绕学校体育风险教育、风险事故处理、户外运动风险等角度展开的研究。但是在当今大数据时代下,运动风险管理与大数据相结合的研究是大势所趋,虽然相关的研究并不多,但这些研究也会对国内相关研究的发展起到引领作用。

在大数据与运动风险管理相结合的研究领域,学者多通过可穿戴设备对运动员进行测量评估,从而获取大数据并对之进行进一步的分析与研究。Gary 等[72]在研究中通过可穿戴仪器对运动员身体质量进行测量,以检测运动员的疲劳状态,通过仪器传输反馈回的数据测定运动员的运动负荷积累,希望达到降低运动员受伤概率、进而降低其运动风险的目的。在该研究中,学者指出目前体育领域尚未从大数据的角度对风险管理进行量化研究并确定指标,因此该类研究应该分析多位运动员在运动时的惯性负荷、疲劳状态与其受伤风险之间的关联,通过数据分析的方式确定运动员在受伤风险发生之前所能承受的最大运动负荷,减少运动员在比赛和训练中的受伤风险。Rogalski 等[73]和 Gabbett 等[74]的研究视角也与之类似,他们认为运动员在运动过程中由碰撞所造成的运动风险在所难免,因此通过收集运动员在运动过程中的大数据,可以有效确定一个量化的临界值,为运动员和教练员提供参考,进一步降低运动员的受伤风险。

除此之外,也有学者通过其他方式收集运动员的大量数据,并以此为基础对运动风险进行量化评级指标的构建,试图通过该指标体系的构建来降低运动风险发生的可能性,最大程度发挥风险管理的作用。Gabbett[75]和 Colby[76]等学者收集了橄榄球运动员在一个赛季所有比赛中的数据及其训练数据,并通过仪器设备对运动员的肌肉疲劳程度进行测量,以此为基础分析运动员感知疲劳和肌肉疲劳程度的关系,对可能发生的受伤风险进行量化评级,构建指标体系以分析每位运动员可能面临的受伤风险,有效降低了其运动风险。

（2）国内相关研究

运动健身实践过程中显性或者隐性风险会造成不同程度的安全隐患。运动风险研究是指导国民科学健身、安全健身的技术保障[77]。随着科技的进步,大数据的科学防控成为运动健康风险管理的重要方式。目前,我国已有运动风险防范大数据的相关研究,主要集中于学校体育、赛事风险管控、公共体育服务和军事体育风险防范方面。

学校体育因开展频率较高和强度较大,其体育风险防范受到更多重视[78]。孙红叶[79]在学生体育运动管理方式中提出建立大数据应用平台,通过收集学生运动数据找出风险发生的规律性,并采取对应的方法计算得出风险事故的发生概率,为安全教学保驾护航。在具体的教学过程中,于辉[80]等研究认为,教师通过大数据技术,可以精准地掌握每个学生的运动数据,并给予学生正确引导,也可根据学生运动状态予以科学考评。李铁彪等[81]在研究学校风险防范时提出,依托大数据平台,通过可穿戴设备随时监控学生的身体指标,例如检测心率血压,追踪运动情况等,为学生更安全地参与体育运动提供了技术支持。彭春兰等[82]关注学生体测大数据,基于对数据结果的横纵向分析,寻求规律以对呈劣势发展趋势的体质素质进行有效干预。

在赛事风险管理方面,李海和石勇[83]认为应借助大数据、地理信息系统等方式科学评估赛事风险,以建立风险评估制度。唐行晨[84]以乒乓球赛事风险因素研究为基础,运用AHP层次分析法,先确立多层次多指标的权重系数,再结合专业人员的经验判断,两两比较并按给定的比率标度定量化,将判断和数据融为整体,实现数据控制风险的目的。陈运魁[85]将AHP法与风险表格法相结合,通过综合大数据对自行车公路赛的风险因素进行评估排序。

在其他运动风险防范领域中,石晓峰[86]认为在大数据的时代背景下,我国必须抓住大数据契机,把新理念、新技术应用于体育公共服务中。大数据还能在体能训练中发挥不可比拟的作用,容博尚[87]认为通过大数据确立运动员的科学训练体系,用心率、肌肉乳酸含量判断训练量以及强度,可以有效避免因负荷过重而导致的伤病。王王[88]认为大数据特有的海量存储信息和处理信息的能力可以有效地运用在军事体育训练中,对受训者进行风险识别指导,这也是军事体育科研发展的必然趋势。

综上,我国通过大数据实现运动健康风险防范的趋势已不可阻挡,在学校体育、大型赛事、公众体育服务、专业运动训练和军事体育等领域中渐趋成熟。但是相较于国外,我国的大数据检测水平仍然有很大的提升空间。

2.2.3 本体感觉与运动风险防控

本体感觉并非一个新创的概念,当下本体感觉的内涵是"由位于肌肉、肌腱、韧带、关节囊、皮肤的机械性感受器向中枢神经系统发放的神经冲动[89][90]"。本体感觉是保障运动正常进行和避免伤害的重要元素。

2.2.3.1 本体感觉的概念及基本内涵

1826 年,Charles Bell 阐述了"肌肉觉"("muscle sense")的概念,这被认为是对生理反馈机制的第一次描述。1906 年,Charles Sherrington 在其发表的里程碑式著作《The Integrative Action of the Nervous System》一书中第一次提出了本体感觉这一概念。本体感觉来源于拉丁语"proprius",意思是"人自身的感知",表示来源于关节、肌肉和肌腱的神经受体的感觉信息。

本体感觉最原始的定义是身体或关节在空间中的位置和运动的感觉[91]。目前,本体感觉定义为由位于肌肉、肌腱、韧带、关节囊、皮肤的机械性感受器向中枢神经系统发放的神经冲动。本体感觉是对肌肉张力、环节运动和关节位置的感觉,通常划分为力量觉、运动觉和位置觉。力量觉代表对关节肌力的鉴别能力;运动觉指鉴别关节运动的能力,包括运动的方向、幅度、速度、加速度、时间等;位置觉是指主动或被动再现给定关节角度的能力。三种能力都能在有意识或无意识下实施,保证人体运动的自动控制、平衡和关节稳定,从而能够正常进行体育活动和日常生活活动[92]。

2.2.3.2 本体感觉与运动损伤的研究

运动、疲劳、年龄、疾病、性别[93][94]、肌贴[95][96][97]、振动[98]、超重[99]等许多因素都会影响人体本体感觉功能。

慢跑、半蹲等本体感觉训练会明显改善本体感觉[100][101][102][103]。经常运动的老年人与青年人关节位置觉和力量觉没有显著性差异[104],而普通老年人本体感觉会随着衰老逐步下降[105][106][107][108][109][110]。经常练习太极拳的老人膝关节和踝关节运动觉明显好于久坐不动的老人[111][112]。

对不同受试者(老人或青年人,男性或女性)和不同关节的研究显示,运动疲劳导致本体感觉下降,从而降低神经肌肉和姿势控制。特别是对老年人,运动疲劳增加了跌倒的风险,继而增加了骨折的风险[113][114][115]。更多的运动损伤出现在练习或比赛的最后三分之一时间里,可能与疲劳引发的关节本体感觉的变化改变了下肢神经肌肉控制和关节动态稳定性有关[116][117][118]。肌肉疲劳导致本体感觉下降也可以部分解释为中枢神经系统疲劳的结果,据报道,中央疲劳可能会减少运动控制的准确性,干扰随意运动的稳定性[119]。

人体本体感觉功能随着衰老逐步下降,直接影响运动协调和平衡[120][121]。针对不同年龄群体平衡能力影响因素的研究发现,在所有年龄群体中,本体感觉对平衡能力的相对贡献比视觉和前庭觉的相对贡献更大[122]。本体感觉,尤其是下肢的本体感觉下降,导致平衡能力下降,从而增加了跌倒风险。同时,下降的本体感觉导致运动过程中异常的关节生物力学变化,从而导致各种退行性关节病的产生[123][124]。

许多神经及骨科疾病都会降低本体感觉功能,如中风[125][126]、帕金森[127][128][129]等神经类疾病和膝关节前十字韧带损伤[130]、膝关节骨性关节炎[131]、上肢功能障碍[132]、力调制赤字复杂区域疼痛综合征等骨科疾病。

3. 研究程序

3.1 研究设计

根据课题研究总体目标,将课题研究分为风险识别与评估研究、风险监管机制研究、风险防控优化策略研究三个子课题。第一个子课题通过文献研究和实证调查,在应用改进IPA方法的基础上,建构当下高校体育课堂运动风险的识别与评估体系,为第二个和第三个子课题研究提供数据支持,其对课堂风险的模式化建构能够为对策研究提供结构化的思路和资政支撑;第二个子课题是在第一个子课题研究的基础上,探讨实证调查数据背后的机制机理问题、影响因素问题,是第一个子课题研究的深化;第三个子课题是在前序研究的基础上,通过专家访谈、本体感觉实验和资料研究,提出优化高校体育运动风险防控的策略,旨在为高校体育的平安运行提供政策性的指导。

3.2 研究对象

本课题以全国高校大学生为研究对象,其中,北京高校的大学生为核心研究对象。在研究进程中以高校体育教学过程中学生的运动风险评价、预警与管控为重点研究内容,旨在提出风险识别、风险评估、风险应对到风险管理效果评价等全过程的学生体育运动安全的防控机制。

3.3 研究方法

3.3.1 问卷调查法

本研究在梳理与总结原有研究成果的基础上,制作运动风险评估量表,以问卷调查的形式收集数据进行分析,探索学校体育风险事件应对与防范的策略。

问卷调查以高校师生为研究对象,以高校体育运动风险为研究内容,采用随机抽样的方式发放问卷,最后使用IPA方法对数据进行统计分析。研究始终围绕"高校体育的运动风险在严重性和易发性两个维度存在秩序性的层次结构"展开,致力于为运动风险监管提供数据支撑,同时尝试在专家访谈和资料研究的基础上探讨高校体育运动风险监控的对策。

3.3.2 数据统计法——修正的 IPA 方法

IPA(Importance-Performance-Analysis)方法也称为重要性—表现性分析方法,常用于制定管理策略中[133],即通过顾客使用产品前的期望与使用后的实际感受进行比较,对相关属性优先排序,形成重要性和满意度组合的综合评价,从而科学客观地衡量顾客的满意度[134]。该方法以观测指标的重要性得分为纵轴,表现性得分为横轴,将二者的平均得分绘制在一个二维矩阵中,并找出以上两个平均数在IPA矩阵图中的确切交叉点,进而对四个象限的观测指标分别进行解释(见图1)[135]。第一象限为高重要性、高满意度区域;第二象限为高重要性、低满意度区域;第三象限为低重要性、低满意度区域;第四象限为低重要性、高满意度区域。

IPA方法具有直观、明晰、形象地反映出实际状况与理想目标之间的差距的特点,便于决策者理解资源和计划应集中在哪个方面,从而帮助组织提升决策水平、减少资源浪费。该方法在管理学[136][137]、旅游学[138][139]、体育学[140][141]、心理学[142]等诸多研究领域备受学者青睐,并衍生出众多变式。例如,彭定洪等把IPA方法转化为层次结构,制作了产品性能—重要性矩阵[143];房德威等构建了IPA-KANO模型[144]以评测公交车服务质量;刘华荣制作了风险矩阵图[145]。

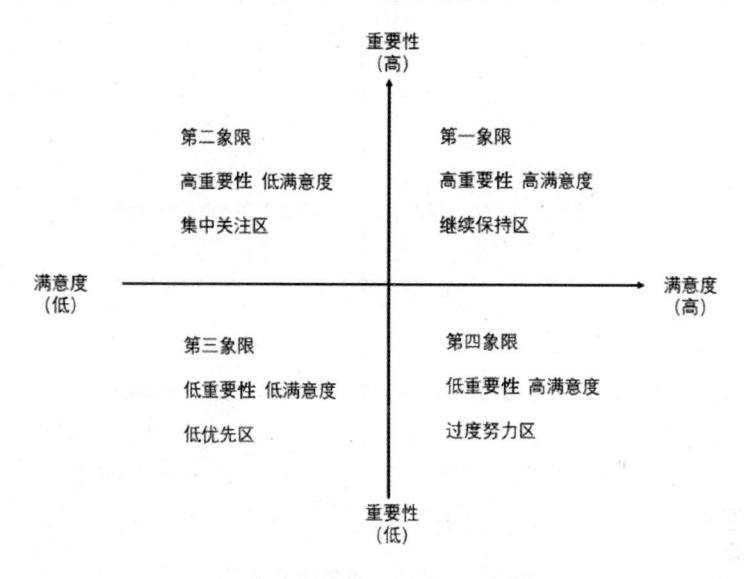

图1 重要性—表现性示意图

基于前期研究范式提供的经验,本研究出于"体育课程风险识别"目的,改进IPA方法,制作了风险发生的"严重性—可能性"示意图(见图2)。该矩阵将各风险因素的严重性和发生可能性的平均值得分制图于二维平面的四个象限里。纵轴代表学校体育中运动风险的严重性程度,横轴是学校体育中运动风险的可能性程度。第一象限为严重程度高且风险发生可能性高的区域;第二象限为严重程度高但风险发生可能性低的区域;第三象限为严重程度低而且风险发生可能性低的区域;第四象限为严重程度低、但调查对象认为风险发生的可能性高的区域。矩阵图中的四个象限分别对应四种防控层级:"优先重点防控区""潜在风险防控区""日常风险防控区""常规风险防控区"。

随着IPA方法被广泛运用,传统的模型局限性也逐渐显现:传统

IPA 方法无法保证受访者对重要性和表现性的评分相互独立。为了消除两者之间的相关性，多数学者建议以引申重要性（implicitly derived importance）来替代重要性[146][147]。学术界为此多采用基于多元线性回归系数、部分相关系数和结构方程模型系数的引申重要性来代替自述重要性对其进行修正[148]。其中较为广泛采用的方法是计算各观测指标重要性与总体表现性之间的多元回归系数作为引申重要性得分[149]，学者认为该方法能更加准确地反映真实的重要性（风险严重性）评价，因此，本研究采用修正后的 IPA 方法对高校体育运动风险进行评估。

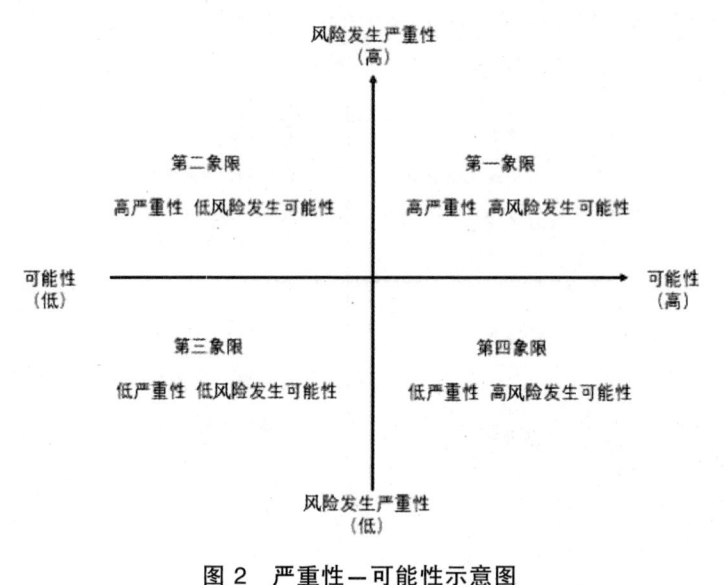

图 2　严重性—可能性示意图

3.3.3 运动风险评估的方法

学生体育教学运动安全风险关联因素众多，结构复杂，对风险进行排序较为烦琐，所以精确评估复杂问题比较困难，这不仅要考虑专家水平和问题自身特征，还要辨析哪种风险评估方法偏差更小，下文将对风险评估方法进行简要的回顾与评价[150][151][152]。

3.3.3.1 主观评价法

主观评价法是对学生体育教学运动安全风险进行评估的最为简单的定性方法。通过列出学生体育教学运动安全风险，并将其按照严重程度进行排序,判断最严重的后果是否会达到整体评估标准。其优点主要是所需资料文件的数量较少,不用估算风险发生概率,属于一种简单又保守的风险评估方法,但是会忽略时间因素的考量,比较绝对化,一定程度上否认了风险防控的必要性。

3.3.3.2 模糊评价法

1965 年,美国自动控制专家查德(L.A.Zadeth)首次提出模糊集合概念,用来表达事物的不确定性。该方法具有结果清晰、系统性强的特点,能较好地解决模糊的、难以量化的问题,适合各种非确定性问题的解决,可以有效处理主观或客观存在的模糊性问题,并通过分值量化的方式进行排序,从而判定评价对象的等级,以数学思维处理模糊现象。学生体育教学运动有许多潜在的风险,难以确定,所以采用模糊综合评价方法精选模型构建,有助于风险评估。

3.3.3.3 列表评价法

列表评价法是一种简单常用的风险评估方法,通过咨询风险防控、体育教学等领域的专家和高校体育教学运动管理人员对体育教学期间的潜在风险进行评估,并且对每个风险指标逐项进行量化评估。具体运行程序可以分为三部分:首先,确定风险评估标准。其次,咨询相关专家,根据专家的标准对风险发生的可能性(P)、风险严重性(S)、风险防控性(C)三大指标进行评分,评判等级根据研究自行确定。最后,将这三大指标的评判分值相乘得出风险值,风险量计算公式:$R_v = P \times S \times C$。可见,风险量和风险大小呈现正相关关系,要采取措施减少风险量[153]。

学生体育教学运动安全风险评估的方法很多,除上述三种本文应用的方法外,还包含层次分析法、数据包络分析法、灰色综合评价法等。

3.3.4 技术路线

具体设计思路和技术路线如图 3 所示。

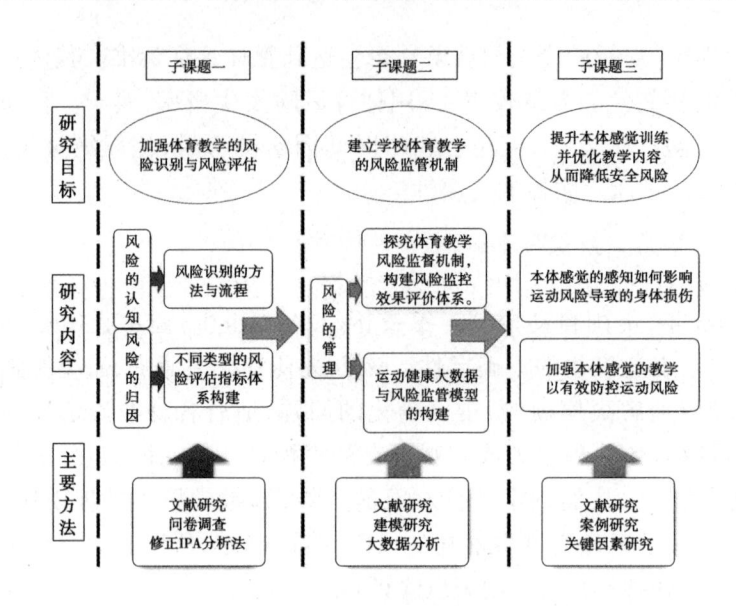

图 3　技术路线图

4. 研究结论、分析与讨论

4.1 体育教学运动风险识别

风险识别是体育教学风险防控的首要且关键的环节,探析清楚体育教学运动安全存在的各种风险,才能够继续对风险进行评估并制定出相对应的防控策略。学生体育教学运动安全风险错综复杂,亟须在比较各种防控风险方法后采取目标导向定位来寻找各种风险因素,构建学生体育教学运动安全风险识别的体系框架。

4.1.1 概念解构及识别原则

4.1.1.1 学生体育教学运动风险识别的概念

学生体育教学运动风险识别是风险防控人员通过运用有关的知识和方法,全面、系统、连续地搜寻和发现损害学生体育教学运动安全的风险来源,以及对潜在的或者正在逐渐显示出来的风险进行识别的过程[154]。但是由于体育教学运动学生参与人数多,其中的安全风险不仅涵盖体育活动本身带来的风险,还涉及场地设施风险、环境风险、教师教学水平、医疗救助风险等诸多方面。学生体育教学运动安全风险识别具有连续性、不间断的发展特点[155],不论是体育教学活动方案的策划、具体的实施过程,还是体育教学中的环境和组成成分等都处于变化之中。例如,学生因为个人原因或者其他原因不能准时参加学校体育教学运动;教师请假或者教学管理原因没有及时进行学校体育教学活动等。由此可见,学生体育教学运动安全风险识别是一项复杂的工作,它既需要高校风险管理部门的针对性系统规划,同时也需要后勤保卫部门、高校信息部门、高校医疗卫生等各部门系统的密切配合。

4.1.1.2 学生体育教学运动风险识别的基本原则

(1)系统性原则

学生体育教学运动风险的产生并不是孤立存在的,而是受到诸多相互关联的要素和自身环境变化的影响。学生体育教学运动安全风险识别要着眼于全局,从整体上掌握风险管理的目标,全面系统地分析影响风险防控目标的不利因素。风险防控的顶层建设不能只是单纯地将某一指标当作总体决策的基础,更多是要充分考虑到其决策所涉及的整个系统及各个部分之间的联系,使得风险识别朝着总体化、综合化、系统化的方向发展。

(2)全面性原则

在制订学生体育教学运动安全的风险防范计划时,要全面探析高校体育教学运动中影响学生安全的潜在风险因素,不能简单地因为风险管理者的主观因素而忽视部分风险,特别是一些重要的风险来源。学生体育教学运动的开展需要有详细教学安排,可以从教学前、教学运行(教学中和教学后)两个阶段所处的环境情况、工作安排、学生运动情况以及教师技能水平、责任心等方面来全面掌握风险,便于及时并且清晰地为决策者提供详细的学生体育教学运动风险决策信息。

(3)重要性原则

系统性的原则为风险识别提供一定程度的保障,而重要性原则是对学生体育教学运动风险的识别需要有所侧重,能够提高风险识别的效率。为了保障学生体育教学运动风险防控的顺利执行和场地环境的安全性,高校要通过各种资源和条件的约束,根据现实情况来选择合适的、最佳的风险识别方法,尽可能以最低的经济代价获取最佳效益来减少风险造成的损失。在全面探析风险因素的基础上进行风险重要性的分析,不仅有利于节约成本,还有利于保障风险识别的效率。

(4)目标性原则

学生体育教学运动本身属于一种多结构、多层次的系统,涉及范围很广,并且风险的发生往往是由多种因素造成的,主要分为单风险源和多风险源。其中单风险源也可能会产生多种多样的结果,识别起来容易引起风险因素的交叉、叠加甚至错漏等问题。风险的识别需要设置一个目标,将目标层层分解,从而更加全面地寻找到目标的损害因素和风险因素来解决以上问题,可以说目标是学生体育教学运动安全风险识别的落脚点和基础。

4.1.2 风险识别的方法

学生体育教学运动安全风险能够通过对历史经验的总结和感性的认识进行识别,也能够通过对各种各样的资料收集、专家访谈分析、整理等获取。现阶段比较成熟的研究方法包括专家调查法、检查表法、结构分解法、情景分析法等。各个方法的特性如表1所示。本研究为了解决现有的困境,采取目标导向手段选择潜在的风险因素,层层分解出风险因子,建立学生体育教学运动安全风险的目标集合域,在域中有且只有一个风险因素与之对应,用来减少风险因素间的混合交叉、叠加等问题,还要对风险因素集合域进行筛选和补充,最终得以初步构建学生体育教学运动安全风险识别的理论和指标框架。

表 1 风险识别方法表

方法	范围	阶段	定量/定性	优点	缺点
专家调查法	范围普遍	整个风险周期	定性	通过专家能够较为全面的分析风险因素	风险因素的分析受到专家们自身水平的限制
检查表法	适合运用在有过相似或者相关经验的学生体育教学运动	学生体育教学运动整个周期	定性	简单易于操作	学生体育教学运动安全可比性的限制

续表

方法	范围	阶段	定量/定性	优点	缺点
结构分析法	范围普遍	用于学生体育教学运动整个周期	定量与定性结合	既能掌握全局系统又能具体到各个具体系统	使用的要求比较高
情景分析法	适合于具有典型代表性的学生体育教学运动	主要运用于学生体育教学运动教学前和教学中阶段	定量	能够对未来学生体育教学运动安全风险情况进行预测	需要掌握大量的数据资料,费时费力

4.1.3 风险识别流程

风险识别需要在获取基本数据和信息的基础上,从不同阶段、目标、环境等方面着手,全方位地分析学生体育教学运动存在的安全隐患,并且进一步分析风险因素导致的损害后果,做好分类归纳,最后形成一个风险识别流程。风险识别是项复杂的任务,不同的风险识别流程会形成不同的风险识别结果,风险识别路径很多,例如,风险性质、学生体育教学运动过程等。本研究为保障学生体育教学运动风险识别的科学性和有效性,选择以海因希里(H.W.Heinrich)的多米诺骨牌理论[156]和哈顿(Wilian Handdon,Jr)的能量释放理论[157]为落脚点,对风险因素造成的结果与目标之间的偏差进行分析,探寻学生体育教学运动安全风险识别的流程。具体流程包括,以目标为导向,通过对学生体育教学运动安全风险防控的目标进行层层分解,利用风险识别模型来探析损害目标的集合域,从而在风险识别之中明确风险因素,如图4所示。

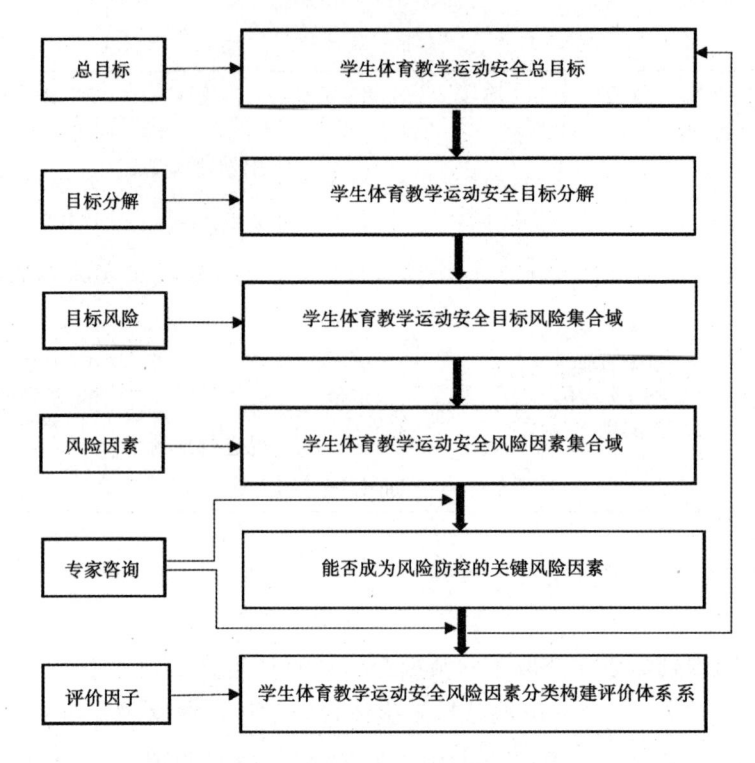

```
总目标        →  学生体育教学运动安全总目标
                        ↓
目标分解      →  学生体育教学运动安全目标分解
                        ↓
目标风险      →  学生体育教学运动安全目标风险集合域
                        ↓
风险因素      →  学生体育教学运动安全风险因素集合域
                        ↓
专家咨询      →  能否成为风险防控的关键风险因素
                        ↓
评价因子      →  学生体育教学运动安全风险因素分类构建评价体系系
```

图 4　学生体育教学运动安全风险识别流程图

4.1.4 风险来源分析

在识别学生体育教学运动安全风险之前，需要在理论和经验研究的基础上分析各个风险源，有效配置和管理高校学生体育教学运动中的风险因素，以达到教学风险防控的目的。根据学生体育教学运动的属性，本研究从人的因素、环境因素和管理因素三个方面对风险事件进行汇总分类，探寻影响学生体育教学运动的各类风险来源，并作为构建风险识别体系的铺垫。

4.1.4.1 人的因素

体育教学运动安全风险中关于人的因素主要涉及教师和学生。教师的风险因素主要是教师配比不足；教师无法维持良好的教学秩序；教师擅自离岗失去对学生的监控；教师为省事减少体育教学操作环节；教师不检查场地设施和器材的安全性或者器材使用不当；教师对学生运动安全教育不足；教师运动风险预判防范意识薄弱；教师未掌握运动损伤急救方法。学生的风险因素主要是学生隐瞒疾病、生理缺陷或伤病；学生身体不适或体力不符合课堂要求；学生心理素质较差或者存在心理障碍；学生准备活动不足；学生不了解器材及操作方法不当；学生不遵守规则做出超出技术水平和自身条件的动作；学生上课服装不符合要求；学生恶意违纪不服从安排擅自行动；学生经验不足无法识别判断风险等。

4.1.4.2 环境因素

环境因素在体育教学运动安全风险中占重要地位，适宜的环境状况能够减少体育教学安全风险，反之则会增加风险。本研究中具体的环境因素包括：器材装备数量和种类不能满足需要；器材装备不符合安全标准或有明显不安全因素；场地设施年久失修损坏；器材缺乏专业保护与救援措施；场地与活动要求不符造成伤害事故；器材装备操作使用程序不当等。

4.1.4.3 管理因素

体育教学运动安全风险的重要地位在很大程度上取决于风险管理人员的认识水平和重视程度，以及能否为共同防控运动安全风险进行有效的活动安排等。本研究归纳的管理因素主要包括：应对恶劣天气的管理制度或方法不成熟；疫情防控的管理制度或者方法不成熟。

4.1.4.4 其他因素

体育教学运动虽然主要是在高校内部开展的，但是也离不开周边的自然环境、社会环境的影响。在自然灾害风险中，由于自然灾害具有突发性、不可抗拒性以及强大的破坏力等特征，可能使教学活动中止、取消，甚至导致人员伤亡，严重影响着学生体育教学运动安全；在社会环境风险中，学生体育教学运动的社会环境十分重要，轻则有负面新闻报道，重则会影响高校正常教学活动。如2020年爆发新型冠状肺炎病毒，如果在疫情期间开展规模较大的体育教学活动会导致病毒快速传播，影响社会生活。因此，随着新冠肺炎疫情愈演愈烈，很多高校的体育教学活动难以为继。此外，政策环境等也会直接影响到学生体育教学运动安全，当前国家将体育纳入高考考核中，高校体育教学活动的重要地位凸显,由此带来的学生发生运动损伤的概率增加,风险隐患也随之增多。

4.1.5 运动风险防控的集合域

4.1.5.1 目标分析

学生体育教学活动安全风险防控是很复杂的系统,潜在的风险因素和涉及领域较广。将安全风险防控目标根据不同的划分依据进行分类,如按照性质分,可分为战略性目标和战术性目标。按照层次分,又可以分为上层目标、中层目标和下层目标等[158]。此外,尝试从不同视角或主体去分析学生体育教学活动安全风险防控的目标,可能会得到不同的结果,本研究尝试将宏观和微观视角相结合,并纳入多重主体进行分析。

在宏观方面,主要从教师、学生群体视角出发。

(1)学生体育教学运动经济目标,如改善体育场馆设施,减轻经济压力等。

(2)学生体育教学运动文化目标,如培养学生体育品德。

(3)学生体育教学运动社会目标,如促进社会稳定、维持良好的学校秩序等。

(4)学生体育教学运动环节目标,如改善体育场所环境,提高学生风险防控意识等。

在微观方面,主要从参与体育教学活动的各大主体进行分析。

(1)从高校管理者角色而言,主要目标是保障高校教学活动有序展开,保护学生身心健康,提供良好的教育平台并构建良好的高校形象。

(2)从体育教师角色而言,主要目标是完成教学任务,传授知识,获取工作收入,保障教学安全等。

(3)从学生自身角色看,目标是完成学业、强身健体等。

(4)从医疗部门而言,主要目标是提供安全保障,减少运动伤害等。

(5)从父母角度而言,主要目标是学生身体健康,学有所成等。

4.1.5.2 目标集合域的建立

目标集合域即通过风险防控活动实现对学生体育教学活动安全的保障目标[159]。本研究在时间维度上对学生体育教学活动安全风险进行动态分析,不同的阶段有不同的目标,再由目标因素分析风险因子,识别风险来源,然后进行有效的风险防控。首先,体育教学活动计划阶段,即从编写体育教学方案开始,一直到体育教师按照计划进行教学活动前的阶段。该阶段的目标是编写教学内容和确认教学方法,依据体育教学活动计划阶段的情况进行风险识别、评估、检测和控制。其次,体育教学活动运行阶段,即从学生进入体育教学活动场地开始一直到本次课程结束的阶段。此阶段学生体育教学运动的目标是学生安全防范、体育教学、后勤保障三个方面,依据体育教学活动运行阶段的情况进行风险识别、评估、检测和控制。最后,体育教学活动结束阶段,即从学生体育教学运动结束开始,一直到学生安全离开、场地设施检查和运动器械归位等完毕的阶段。此阶段的目标是保障学生安全下课和查验教学物资等内容,依据体育教学活动结束阶段的情况进行风险识别、评估、检测和控制。

4.1.5.3 教学目标损害集合域的建立

采用时间维度分析学生体育教学运动安全风险三个阶段的目标后,还要找出影响目标达成的风险因素,具体方法如下:首先,初步确定风险因素集合域。1953年,日本东京大学石川馨教授首次提出因果图法(鱼刺法),通过因果图法分析风险时间和风险源之间的关系[160],对影响学生体育教学运动安全的各种因素进行全面观察和分析,判断出因果关系。但是该方法由于其自身缺陷只能被用来初步确定,而不能在后期风险因子过多时使用。其次,专家问卷调查和实地调研。即通过问卷调查和实地调研进行风险识别:第一,根据学生体育教学运动安全风险目标编写问卷调查表;第二,在简单分析的基础上,通过访谈经验丰富的体育教师和风险防控领域的专家组成咨询小组;第三,还通过亲自发放、电子邮件等形式进行问卷收集。最后,目标损害集合域的确定。根据专家问卷调查的结果进行归纳分析,剔除和修改部分风险因子,得出专家统一认可的指标。

4.1.5.4 风险因素集合域分析

基于前述研究,本文将学生体育教学运动安全风险目标损害作为考察对象,编制了大学生体育课风险防范问卷调查。通过小组核查、专家分析、实地调研等途径对学生体育教学运动的各阶段目标损害因子进行研究,分析并整理出了风险因子,形成风险因子集合域。

4.1.6 风险因素框架的建构

以"目标导向—目标损害—风险因素"为主题,再对目标损害因子进行结构分解,全面系统地识别出风险因子,让集合域中的值域和定义域元素两两对应,避免叠加或者错漏等情况,最终形成学生体育教学运动安全风险因子分类表,如表2所示。

表2 学生体育教学运动安全风险因子分类

目标损害集合	目标因素集合	风险因子分类
教师人力资源供应不足、体育教学不合理、责任心不强	教师配比不足	人方面风险因子
	教师无法维持良好教学秩序	
	教师擅自离岗失去对学生的监控	
	教师贪图省事,减少操作环节	
	教师从不检查场地设施及器材的安全性	
	教师的运动技术特长与教学内容不匹配	
	教师传授不规范或错误的技术动作	
	教师教学内容超出学生承受能力	
	教师对学生运动安全教育不足	
	教师运动风险预判防范意识薄弱	
	教师未对不宜参加体育课的学生采取特殊的教学措施	
	教师未掌握运动损伤事故急救方法	
	教师缺乏对学生危险行为的监管	
学生自身认知缺乏、体育运动理论和技能不足	学生隐瞒疾病、身体生理缺陷或伤病	
	学生身体不适或体力不符合课堂要求	
	学生心理素质较差或者存在心理障碍	
	学生注意力不集中,身体失去控制或平衡	
	学生准备活动不足,贸然逞能参加体育活动	
	学生不了解器材及其操作方法而操作不当	
	学生不遵守规则做出超出技术水平和自身条件的动作	

续表

目标损害集合	目标因素集合	风险因子分类
学生自身认知缺乏、体育运动理论和技能不足	学生上课服装不符合要求	人方面风险因子
	学生知识经验不足无法识别判断风险	
	学生因惊吓等做出错误或不当选择	
器材设施保障不足，难以满足体育教学需求	器材装备数量和种类不能满足需要	环境风险因子
	器材装备不符合安全标准或有明显不安全因素	
	场地设施年久失修或已遭损坏	
	器材装备缺乏专业保护与救援措施	
	场地设施与活动要求不符，造成伤害事故	
管理制度不合理	应对恶劣天气的管理制度/方法不成熟	管理风险因子
	应对疫情防控的管理制度/方法不成熟	

4.2 体育教学运动风险评估

上一章从理论层面初步构建了学生体育教学运动安全风险因子框架，接下来将经过两轮专家访谈，从教学前阶段、教学运行阶段两个时间段的视角切入，梳理出风险评价指标体系，并且使用层次分析法确定风险评价指标的权重，结合专家问卷和实地调研形成风险评估细则。

4.2.1 风险评估指标体系

4.2.1.1 指标体系建构的方法选择

学生体育教学运动安全风险关联因素众多，结构复杂，对风险进行排序较为烦琐，所以精确评估复杂问题比较困难。

从目前广泛应用的研究方法看，主观评价法[161]、模糊评价法[162]、列表评价法[163]、层次分析法[164]等研究方法比较受青睐。学生体育教学运动安全风险涉及因素众多，主观性较强，原始数据获取比较困难。如果仅仅依靠专家的经验判断，尤其是在第一阶段，其模糊性风险指标较为突出。在综合考虑并采取模糊综合评价法的基础上,制作风险评估表和风险清单,并依此设计调查问卷和其他实证调查工具。

4.2.1.2 风险评估检查表与风险清单

参照近五年有关高校学生体育教学运动安全风险的案例,并总结实践经验,初步制定教学前和教学运行中两个阶段的风险检查表,并细化学生体育教学运动安全风险指标。然后邀请相关领域专家,通过访谈或调查表的方式向专家提问,获取专家意见并提出修改指标,最终确定学生体育教学"教学前期"的运动安全风险检查表(表3)和"教学运行"中的运动风险清单(表4)。

(1)教学前期的运动安全风险检查表

由表3可见,在体育教学前的阶段,评估目标注重检查计划过程中的不完善部分,掌握计划的整体情况,对高校体育教学计划阶段的学生体育教学运动安全风险采用模糊综合评价方法,得到风险等级,发现计划存在的不足。

表3 学生体育教学运动前阶段风险评估表

一级指标	二级指标	评估细则
体育教学运动计划风险	学生体育教学计划制订风险	体育教学计划和活动流程完整清晰; 体育教学要针对不同类型学生进行教学; 体育教学活动要提供种类齐全的课程服务
	应急预案制订风险	预案要涵盖多种运动风险突发事件; 预案需要得到专家考核; 预案制订要具有针对性
	体育教学场所管理秩序和职责制定风险	职责任务要具体明确、衔接自然; 管理制度安排要周到合理

(2)教学运行阶段风险清单

由表4可见,教学运行中的目标是重点分析学生体育运动进程中可能出现的风险,并对风险进行排序,帮助做好风险管理。通过对运动过程中的风险来源和潜在的安全隐患进行系统全面的分析,最后得出教学运行中的风险清单,并以此为依据设计调查问卷。

二、主体部分

表 4　学生体育教学运动运行阶段风险清单

风险来源	风险种类	风险因子
体育教学中人为导致的风险	人员方面风险	配比不足
		教学秩序混乱
		擅自离岗，缺少监控
		减少体育教学操作环节
		不检查场地设施和器材的安全性或者器材使用不当
		安全教育不足
		运动风险预判防范意识薄弱
		未掌握运动损伤急救方法
		隐瞒疾病、生理缺陷或伤病
		身体不适或体力不符合课堂要求
		心理素质较差或者存在心理障碍
		准备活动不足
		不了解器材及操作方法不当
		不遵守规则做出超出技术水平和自身条件的动作
		上课服装不符合要求
		恶意违纪不服从安排擅自行动
		经验不足无法识别判断风险
		因惊吓等做出错误或不当行为
体育教学中环境导致的风险	环境方面风险	器材装备数量和种类不能满足需要
		器材装备不符合安全标准或有明显不安全因素
		场地设施年久失修损坏
		器材缺乏专业保护与救援措施
		场地与活动要求不符造成伤害事故
		器材装备操作使用程序不当
体育教学管理方面可能遇到的风险	管理方面风险	应对恶劣天气的管理制度或方法不成熟
		疫情防控的管理制度或者方法不成熟

4.2.2 评估工具、实证调查与统计方法

4.2.2.1 评估工具——"高校体育运动风险因素量表"

在确立上述指标体系的基础上,设计"高校体育运动风险因素量表",以调查问卷的方式收集第一手调查数据。量表内容包括两部分,第一部分为基础信息,包括高校名称、高校所在省份、高校类型和被调查者的身份;第二部分是学校体育风险事件的识别与评估,也即体育课风险的"可能性"与"严重性"——各项体育风险因素在被调查者高校内的发生可能性程度以及各风险因素的严重程度,且采用5级评判标准,其中"1"为几乎不发生(和非常不严重),"5"为经常发生(和非常严重),由教师和学生依照个人的真实感受和想法进行选择。在第二部分筛选各个风险因素时,通过对前人研究成果的总结,将之划分为教师、学生、场地器材、应对措施四个方面的风险因素,且根据不同风险因素确定问卷量表与题项。

在量表与题项的确定过程中,参考王岩[165]的风险评估表、刘华荣[166]的风险评估问卷、李晓亮等[167]的风险评估问卷等调查工具,从中选取了适合本研究的题项,并加以改进与合并。与此同时,向5位相关研究领域的教授和专家以及10位高校体育类课程讲师征求他们对于风险因素维度和题项的意见,然后由2位博士研究生和3位硕士研究生根据意见共同完成了最终的问卷设计,以确保问卷结构的合理性和测量维度与题项的科学性。最后,通过对350位高校体育教师和学生的预调查,对量表的结构、测量维度、题项合理性和科学性进行再次完善,最终确定教师的教授与组织、学生参与的意识与能力、场地设施与体育环境、运动风险的应对措施共计4个维度、30个题项的调查问卷。

4.2.2.2 问卷调查及样本特征

问卷调查是评估体育教学风险层级的一个主要研究方法,在获取第一手数据的基础上探讨数据背后的逻辑。调查问卷通过随机抽样的方式发放,发放对象为高校的体育教师和学生。第一阶段(2020年6月至7月)预发放问卷400份,回收后经检验,问卷信效度良好,说明可进行正式问卷发放。第二阶段(2020年7月至8月)通过中国人民大学中

国调查与数据中心向全国759所高校在职体育教师和学生发放"高校体育运动风险因素量表"调查问卷,样本量为3745,以问卷填写时间、完整度、反向题矛盾、量表勾选情况等为依据对问卷进行筛选,得到有效问卷2648份。样本特征如表5所示。

表 5　样本描述性统计

特征	分类	次数	百分比(%)
高校类型	985/211	931	35.2
	普通本科院校	1522	57.5
	高职高专院校	195	7.4
身份类型	教师	266	10.0
	学生	2382	90.0
合计		2648	100.0

首先,从高校类型看来,来自985或211高校的问卷共有931份,占总体样本的35.2%,普通本科院校以占比57.5%成为样本占比最高的高校类型,而高职院校的频数为195,仅占总体的7.4%。在分样本讨论中,本研究将普通本科院校与高职高专院校合并为"普通或专职院校",与985或211高校进行对比分析。其次,从身份类型看来,样本中教师占10%,学生占90%,后文也将对教师样本和学生样本展开对比讨论。

4.2.2.3 信效度检验

通过统计软件 SPSS 23.0 和结构方程模型 AMOS 23.0 对量表进行信度和效度检验。首先,对量表进行 KMO 值计算和 Bartlett 球型检验。探索性因子分析发现,大学公共体育课风险因素量表 KMO 值分别为 0.977,且 Bartlett 球型检验在 0.001 水平上显著,说明问卷效度较好,在统计学意义上适合对数据进行探索性因子分析。

在此基础上,运用主成分分析法和最大方差法旋转获得的因子载荷矩阵,如表6所示。根据 Kaiser 原则,在风险因素量表各提取4个特征值大于1的因子,这4个因子总共解释69.77%的总方差,且所有因子的载荷都在0.5以上,说明问卷具有较高的聚合效度。因此,高校体育运动风险因素量表有较好的建构信度。同时各分量表的 Cronbach's Alpha 在 0.920~0.942 之间,说明量表具有良好的信度。由此,根据探索性因子分析结果,高校体育运动风险因素量表包含教师的教授与组织、学生参与的意识与能力、场地设施与体育环境和运动风险的应对措施等4个因子,与理论构念一致。

表6 高校体育运动风险因素量表的信度和效度检验结果

主范畴	子范畴	Cronbach's Alpha	因子1	因子2	因子3	因子4
教师	教师配比不足	0.942	0.625	0.137	0.014	0.340
	教师无法维持良好教学秩序		0.740	0.138	0.116	0.254
	教师擅自离岗失去对学生的监控		0.767	0.209	0.156	0.187
	教师贪图省事,减少操作环节		0.744	0.250	0.184	0.226
	教师从不检查场地设施及器材的安全性		0.725	0.262	0.240	0.204
	教师的运动技术特长与教学内容不匹配		0.679	0.276	0.258	0.219
	教师传授不规范或错误的技术动作		0.717	0.280	0.357	0.172
	教师教学内容超出学生承受能力		0.625	0.379	0.374	0.079
	教师对学生运动安全教育不足		0.656	0.344	0.377	0.124
	教师运动风险预判防范意识薄弱		0.675	0.331	0.420	0.144
	教师未对不宜参加体育课的学生采取特殊的教学措施		0.522	0.371	0.371	0.063
学生	学生隐瞒疾病、身体生理缺陷或伤病	0.929	0.377	0.610	0.369	0.076
	学生身体不适或体力不符合课堂要求		0.333	0.696	0.273	0.119
	学生心理素质较差或者存在心理障碍		0.286	0.733	0.233	0.153
	学生注意力不集中,身体失去控制或平衡		0.300	0.746	0.210	0.200

二、主体部分

续表

主范畴	子范畴	Cronbach's Alpha	因子1	因子2	因子3	因子4
	学生准备活动不足,贸然逞能参加体育活动		0.263	0.747	0.211	0.250
	学生不了解器材及其操作方法而操作不当		0.235	0.740	0.204	0.301
	学生不遵守规则做出超出技术水平和自身条件的动作		0.276	0.666	0.284	0.335
	学生上课服装不符合要求		0.117	0.611	0.087	0.433
场地器材	器材装备数量和种类不能满足需要	0.921	0.232	0.395	0.161	0.691
	器材装备不符合安全标准或有明显不安全因素		0.414	0.289	0.374	0.591
	场地设施年久失修损坏		0.285	0.241	0.312	0.724
	器材装备缺乏专业保护与救援措施		0.300	0.293	0.392	0.675
	场地设施与活动要求不符,造成伤害事故		0.377	0.241	0.471	0.592
应对措施	教师未掌握运动损伤事故急救方法	0.920	0.429	0.246	0.599	0.347
	教师缺乏对学生危险行为的监管		0.456	0.277	0.627	0.326
	学生知识经验不足无法识别判断风险		0.181	0.472	0.568	0.348
	学生因惊吓等做出错误或不当选择		0.208	0.443	0.627	0.265
	应对恶劣天气的管理制度/方法不成熟		0.263	0.334	0.584	0.344
	应对疫情防控的管理制度/方法不成熟		0.358	0.253	0.670	0.275
整体研究		0.977				

本研究首先对整体样本进行分析,然后按照学校类型,对 985/211 高校样本和普通/高职院校样本进行对比分析;再按照身份类型,分教

师与学生的两个样本进行对比分析。具体方法是,对风险因素量表的 4 个维度 30 个指标进行数据处理,得出风险因素的重要性(风险严重性)与表现性(风险发生可能性)的均值,并通过多元线性回归分析求出引申重要性得分。在上述分析的基础上,采用风险发生的严重性和发生的可能性的平均值作为交叉点,以风险的严重性为纵轴,风险发生的可能性为横轴,分别构建风险维度与风险指标的四象限图,直观地呈现高校体育运动风险因素的评估结果。

4.2.2.4 数据统计方法

问卷调查结束后,应用 IPA 统计方法从风险的严重性和可能性两个角度评估运动风险的层级,建构运动风险的等级结构。此外,针对问卷调查所显示出的问题,对北京 8 所高校进行实证调研,探讨运营性体育俱乐部这类"准体育教学"类的运动组织的运动风险,并研究提升学生本体感觉训练以规避运动风险的对策。

本研究使用改进 IPA 分析方法,探索"教师""学生""场地器材"与"应对措施"等维度及其细分指标以对应高校体育课改善措施的优先级,精准提出高效减少体育课风险、提升学生课程参与度的措施。研究的意义在于,通过识别与评估高校体育运动风险,不仅能强化教师及学生的运动风险认识,尽可能降低风险水平,还能优化学校体育课程结构,为安全有序地开展体育课程提供理论指导,为学生上"安全快乐高效的体育课"进行保驾护航。目前学界对体育课风险防范已有关注,主要集中于以下几个方面:体育教师的授课方式及风险管控意识[168][169][170][171][172]、体育课程模式[173][174][175][176][177]、学生风险意识[178]、突发应急预案[179][180][181]等。

4.2.3 基于全样本的风险评估

基于全样本的风险因素严重性与发生可能性的得分如表 7 所示。以严重性与可能性的均值作为交叉点,并以严重性为纵轴、可能性为横轴,绘制的四象限二维坐标如图 5 和图 6 所示。

二、主体部分

表7 风险因素严重性与发生可能性的分析结果（全样本）

序号	风险因素	严重性（引申重要性）	可能性
	教师（维度）	0.18	1.79
1	教师配比不足	0.01	2.03
2	教师无法维持良好的教学秩序	0.04	1.78
3	教师擅自离岗失去对学生的监控	0.01	1.72
4	教师贪图省事，减少操作环节	0.02	1.80
5	教师从不检查场地设施及器材的安全性	0.02	1.80
6	教师的运动技术特长与教学内容不匹配	0.04	1.77
7	教师传授不规范或错误的技术动作	0.06	1.68
8	教师教学内容超出学生承受能力	0.06	1.76
9	教师对学生运动安全教育不足	-0.02	1.78
10	教师运动风险预判防范意识薄弱	0.03	1.72
11	教师未对不宜参加体育课的学生采取特殊的教学措施	0.02	1.80
	学生（维度）	0.30	2.02
12	学生隐瞒疾病、身体生理缺陷或伤病	-0.02	1.85
13	学生身体不适或体力不符合课堂要求	0.05	2.02
14	学生心理素质较差或者存在心理障碍	0.03	2.03
15	学生注意力不集中，身体失去控制或平衡	0.01	2.03
16	学生准备活动不足，贸然逞能参加体育活动	0.05	2.01
17	学生不了解器材及其操作方法而操作不当	0.05	2.04
18	学生不遵守规则做出超出技术水平和自身条件的动作	0.07	1.94
19	学生上课服装不符合要求	0.10	2.23
	场地器材（维度）	0.08	1.91
20	器材装备数量和种类不能满足需要	0.02	2.09
21	器材装备不符合安全标准或有明显不安全因素	-0.05	1.77
22	场地设施年久失修损坏	-0.02	1.97

续表

序号	风险因素	严重性（引中重要性）	可能性
23	器材装备缺乏专业保护与救援措施	0.09	1.94
24	场地设施与活动要求不符,造成伤害事故	0.02	1.79
	应对措施(维度)	0.17	1.83
25	教师未掌握运动损伤事故急救方法	0.03	1.74
26	教师缺乏对学生危险行为的监管	0.02	1.73
27	学生知识经验不足无法识别判断风险	0.11	2.03
28	学生因惊吓等做出错误或不当选择	0.02	1.90
29	应对恶劣天气的管理制度/方法不成熟	0.01	1.87
30	应对疫情防控的管理制度/方法不成熟	0.01	1.72
	维度平均	0.18	1.89
	指标平均	0.03	1.88

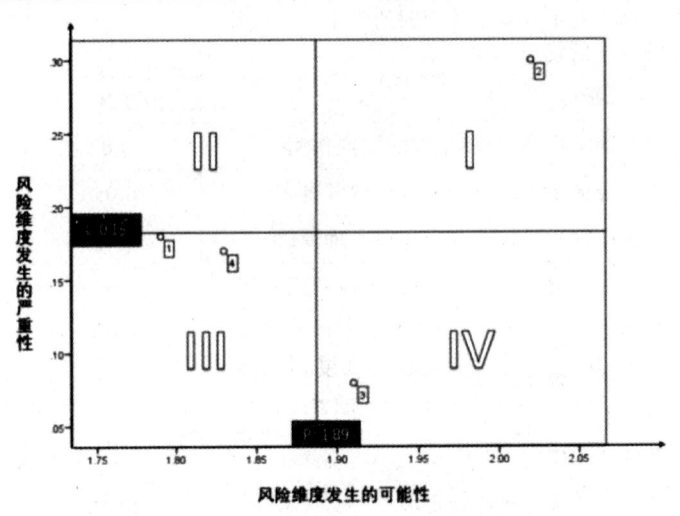

图 5　风险因素修正 IPA 矩阵(维度)

二、主体部分

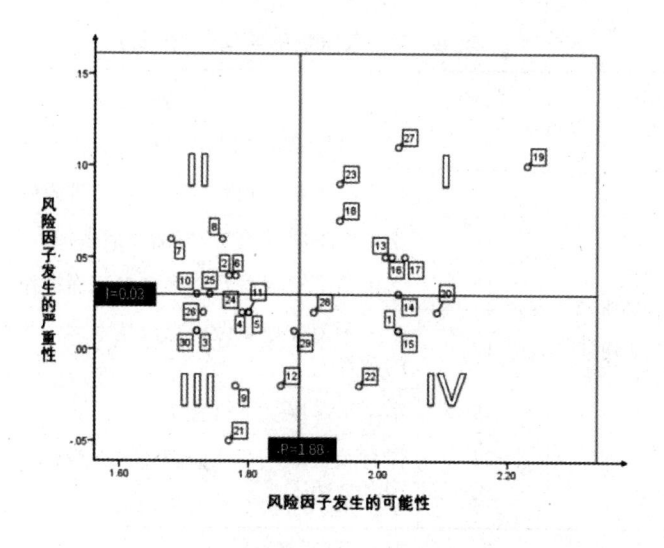

图6　风险因素修正IPA矩阵(指标)

从"维度结构"的角度进行的风险识别与评估,"严重性—可能性矩阵"中包括"教师""学生""场地设施"和"应对措施"四个维度。矩阵第Ⅰ象限代表运动风险发生可能性大且隐患严重程度高的因素,该象限包含的风险因素主要在"学生"维度,属于"优先重点防控区"。矩阵第Ⅱ象限代表运动风险发生可能性小但严重程度高的风险因素,属于"潜在风险防控区",该象限内不包含任何风险维度。第Ⅲ象限代表运动风险发生可能性小且严重程度低的风险因素,该象限内包含的风险因素主要处于"教师"和"应对措施"维度,属于"日常风险防控区"。第Ⅳ象限代表运动风险发生可能性大但严重程度低的风险因素,该象限内包含的风险因素主要处于"场地器材"维度,属于"常规风险防控区"。

从"指标设置"的角度进行的风险识别与评估,在矩阵的第Ⅰ象限内包含8个风险指标,具体如表8所示。第Ⅰ象限的指标结构表明,学生自身原因引发的运动风险较为严重,且风险的潜在可能性较高。学生作为高校体育教学和课外体育活动的参与主体,也是高校体育运动风险的直接受害者,学生自身原因导致的运动风险的易发性和严重性是高校运动风险教育缺失的直接结果,也为后续加强风险教育提供了数据支撑和直观导向。

表 8　第 I 象限指标结构（全样本）

象限	题号	题项
第 I 象限： 优先重点防控区 （风险发生可能性 大、严重程度高）	13	学生身体不适或体力不符合课堂要求
	14	学生心理素质较差或者存在心理障碍
	16	学生准备活动不足，贸然逞能参加体育活动
	17	学生不了解器材及其操作方法而操作不当
	18	学生不遵守规则做出超出技术水平和自身条件的动作
	19	学生上课服装不符合要求
	23	器材装备缺乏专业保护与救援措施
	27	学生知识经验不足无法识别判断风险

在矩阵的第 II 象限内包含 6 个风险指标，具体如表 9 所示。该象限的指标基本都属于"教师"维度所隐含的风险因素，指标反映出教师维护课堂秩序的低效性、技术特长与教学内容的不匹配、教学的错误与失范、课程要求与学生的承受能力不相符、预防风险的意识和应对风险的能力和方法不足等几个方面问题，这些风险因素因为不经常发生而往往被忽略，一旦发生就需要及时并重点应对。由此可见，教师大多在体育课堂风险的防控体系中具有较强的风险意识，与教师相关的风险因素发生概率较低，但如果出现风险意识薄弱或防范举措失当的情况，同样会酿成严重的风险伤害，因而是风险防范潜在的风险源。

表 9　第 II 象限指标结构（全样本）

象限	题号	题项
第 II 象限： 潜在风险防控区 （风险发生可能性 小、严重程度高）	2	教师无法维持良好教学秩序
	6	教师的运动技术特长与教学内容不匹配
	7	教师传授不规范或错误的技术动作
	8	教师教学内容超出学生承受能力，对学生完成运动项目过于严苛
	10	教师运动风险预判防范意识薄弱
	25	教师未掌握运动损伤事故急救方法

在矩阵的第 III 象限内共有 11 个风险指标，具体如表 10 所示。第 III 象限的 11 个指标属于教师的教学方法和组织管理、场地器材的适配性、

对危急事件的应对和处理这样三个维度的内容。这些指标所指代的运动风险发生概率较低,风险隐患问题的严重性也相对较低。该象限包含的 11 个指标所指代的风险因素虽不属于必须优先处理的层级,但需进行日常评估和监管。

表 10　第Ⅲ象限指标结构(全样本)

象限	题号	题项
第Ⅲ象限: 日常风险 防控区 (风险发生 可能性小、 严重程度 低)	3	教师擅自离岗失去对学生的监控
	4	教师贪图省事,减少操作环节
	5	教师从不检查场地设施及器材的安全性,或者使用器材不当
	9	教师对学生运动安全教育不足
	11	教师未对不宜参加体育课的学生采取特殊的教学措施
	12	学生隐瞒疾病、身体生理缺陷或伤病
	21	器材装备不符合安全标准或有明显不安全因素
	24	场地设施与活动要求不符,造成伤害事故
	26	教师缺乏对学生危险行为的监管
	29	应对刮风、下雨、雾霾等恶劣天气的管理制度/方法不成熟
	30	应对疫情防控的管理制度/方法不成熟

在矩阵的第Ⅳ象限包含 5 个风险指标,具体如表 11 所示。第Ⅳ象限的指标包括教学配置方面的师资力量和场地、器材,也包括学生个体层面的注意力、惊吓等心理层面的因素。这些因素被认为风险隐患的严重程度不高,但经常发生且较为普遍。例如,因为隐性疾病所引发的运动中的猝死等。因此,体育管理层需要将该区域内的风险因素纳入常规性监管范畴。

表 11　第Ⅳ象限指标结构(全样本)

象限	题号	题项
第Ⅳ象限: 常规风险防控区 (风险发生可能性 大、严重程度低)	1	教师配比不足
	15	学生注意力不集中,身体失去控制或平衡
	20	器材装备数量和种类不能满足需要
	22	场地设施年久失修损坏
	28	教师无法维持良好教学秩序

4.2.4 学校类型与风险评估

上文讨论了全样本层面运动风险的整体性效应,考虑到不同类型的学校可能在体育运动风险因素的认知与评估中存在差异,本研究依据学校的层级将样本分为"985/211 高校"与"普通/专职院校"两个样本。所进行的统计包括:首先,类分样本与全样本进行对比;然后,再进行两个类分样本间的对比。

因为风险指标较多,不便进行一一对比,本研究仅选取风险防控层级的两极,也即"严重性—可能性矩阵图"中第一象限与第三象限的指标进行对比。前者属于高可能性、高严重性的区域,代表了风险管理中最需要重视因素;后者属于低可能性和低严重性象限,意味着风险因素并不那么重要。通过上述对比,可以较为清晰地看到 985 或 211 高校和普通高职院校在风险认知上的差异,进而有助于为其风险评估以及其后的风险管理提出更具有针对性的建议。

4.2.4.1 基于 985/211 高校样本的风险识别与评估

基于 985/211 高校样本的风险因素严重性与发生可能性的得分如表 12 所示。以严重性与可能性的均值作为交叉点,并以风险因素的严重性为纵轴,发生可能性为横轴,绘制的四象限二维坐标如图 7 和图 8 所示。

表 12 风险因素严重性与发生可能性的分析结果(985/211 高校)

序号	风险因素	严重性（引申重要性）	可能性
	教师(维度)	0.15	1.75
1	教师配比不足	-0.01	2.00
2	教师无法维持良好教学秩序	0.02	1.67
3	教师擅自离岗失去对学生的监控	-0.03	1.66
4	教师贪图省事,减少操作环节	0.00	1.75
5	教师从不检查场地设施及器材的安全性	-0.05	1.73
6	教师的运动技术特长与教学内容不匹配	0.07	1.76
7	教师传授不规范或错误的技术动作	0.13	1.65
8	教师教学内容超出学生承受能力	0.03	1.79

二、主体部分

续表

序号	风险因素	严重性（引申重要性）	可能性
9	教师对学生运动安全教育不足	0.00	1.74
10	教师运动风险预判防范意识薄弱	0.10	1.69
11	教师未对不宜参加体育课的学生采取特殊的教学措施	0.01	1.80
	学生（维度）	0.29	2.07
12	学生隐瞒疾病、身体生理缺陷或伤病	-0.04	1.92
13	学生身体不适或体力不符合课堂要求	-0.01	2.09
14	学生心理素质较差或者存在心理障碍	0.02	2.10
15	学生注意力不集中，身体失去控制或平衡	0.06	2.05
16	学生准备活动不足，贸然逞能参加体育活动	0.06	2.09
17	学生不了解器材及其操作方法而操作不当	0.05	2.09
18	学生不遵守规则做出超出技术水平和自身条件的动作	0.06	1.94
19	学生上课服装不符合要求	0.09	2.32
	场地器材（维度）	0.05	1.86
20	器材装备数量和种类不能满足需要	0.02	2.05
21	器材装备不符合安全标准或有明显不安全因素	-0.06	1.72
22	场地设施年久失修损坏	-0.07	1.92
23	器材装备缺乏专业保护与救援措施	0.14	1.88
24	场地设施与活动要求不符，造成伤害事故	0.02	1.71
	应对措施（维度）	0.20	1.80
25	教师未掌握运动损伤事故急救方法	0.01	1.66
26	教师缺乏对学生危险行为的监管	0.05	1.68
27	学生知识经验不足无法识别判断风险	0.12	2.04
28	学生因惊吓等做出错误或不当选择	-0.02	1.89
29	应对恶劣天气的管理制度/方法不成熟	0.06	1.85
30	应对疫情防控的管理制度/方法不成熟	-0.02	1.67
	维度平均	0.17	1.87
	指标平均	0.03	1.86

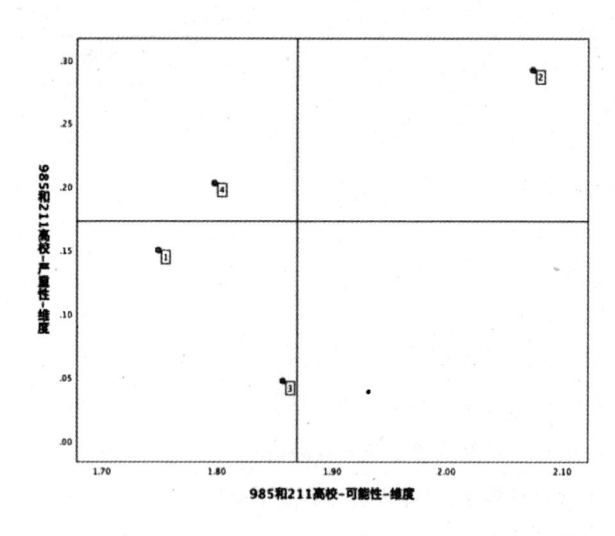

图 7　风险因素修正 IPA 矩阵（985/211 高校，维度）

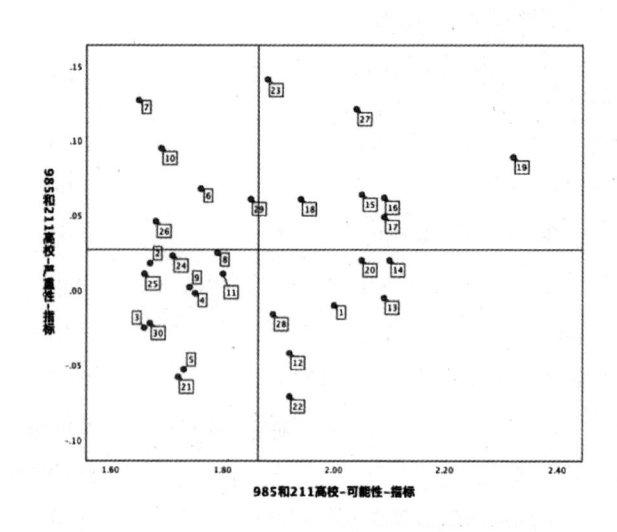

图 8　风险因素修正 IPA 矩阵（985/211 高校，指标）

基于 985 或 211 高校样本的"严重性—可能性矩阵"可以看到，与整体样本相比，"学生"维度仍然属于"优先重点防控区"，"教师"维度也依然在"日常风险防控区"。不同之处在于，这些高校与场地器材相关的风险隐患相对总样本而言发生概率较低，所以在风险防控层级中的位置从"常规风险防控区"移到"日常风险防控区"；相反，与"应对措施"相关的风险隐患严重程度相对较高，从"日常风险防控区"上升到"潜在风险防控区"。因此,对于985或211高校而言,除"学生"相关的风险需要优先防控外,风险发生后的"应对措施"也要非常到位,应对失当也是在风险管理中需要重点防控的,应给予重视。

从"指标设置"的角度进行的风险识别与评估。在矩阵的第Ⅰ象限内包含7个风险指标,具体如表13所示。对比全样本第Ⅰ象限的指标结构可知,除了"器材装备缺乏专业保护与救援措施"这一项风险因素之外,985或211高校体育风险防控中应该优先重点防控的风险因素仍然集中于学生自身的运动风险,包括学生本身的风险防范意识和风险防范能力等,只是题项与全样本相比略有不同——学生注意力不集中取代了学生身体状况和心理素质两个风险因素。对比显示,在985或211高校中,学生因素仍然是体育运动风险防范的重中之重,但风险的着力点略有不同,这些高校学生的心理因素似乎是更为重要的风险诱因。由于这些风险因素的发生可能性高且严重程度高,学校在风险管理中应重点关注。

表13 第Ⅰ象限指标结构(985/211高校)

象限	题号	题项
第Ⅰ象限: 优先重点防控区 (风险发生可能性 大、严重程度高)	15	学生注意力不集中,身体失去控制或平衡
	16	学生准备活动不足,贸然逞能参加体育活动
	17	学生不了解器材及其操作方法而操作不当
	18	学生不遵守规则做出超出技术水平和自身条件的动作
	19	学生上课服装不符合要求
	23	器材装备缺乏专业保护与救援措施
	27	学生知识经验不足无法识别判断风险

矩阵的第Ⅱ象限共有5个风险指标,具体如表14所示。其中,前四个因素属于"教师"维度,最后一个因素属于"应对措施"维度,是学校体育管理的制度层面的因素。这些因素因为发生的概率较低,所以往往被忽略,但是一旦发生会造成比较严重的后果。所以需要学校随时做好准备,以应对不时发生的风险。

表 14　第 II 象限指标结构（985/211 高校）

象限	题号	题项
第 II 象限： 潜在风险防控区 （风险发生可能性小、严重程度高）	6	教师的运动技术特长与教学内容不匹配
	7	教师传授不规范或错误的技术动作
	10	教师运动风险预判防范意识薄弱
	26	教师缺乏对学生危险行为的监管
	29	应对刮风、下雨、雾霾等恶劣天气的管理制度/方法不成熟

在矩阵的第 III 象限内共有 11 个风险指标，具体如表 15 所示。这些指标所指代的运动风险发生概率较低，风险隐患问题的严重性不高，虽不属于必须优先处理的层级，但仍需进行日常性评估和监管。处于 985 或 211 高校样本的"严重性 – 可能性矩阵图"第 III 象限的指标结构与全样本基本类似，均指向了教师层面的组织管理、教学方法、应急处理以及场地器材层面的适配性等内容。不同之处在于，"教师"维度多了"教师无法维持良好秩序"和"教师教学内容超出学生承受能力"两项，也就是说，教师在课堂管理和教学内容设置方面工作安排到位，风险概率较低；"应对措施"维度则是"教师未掌握运动损伤事故急救方法"取代了"教师缺乏对学生危险行为的监管"和"应对恶劣天气的管理制度或方法不成熟"。由于该象限的风险因素具有低严重性、低发生可能性的特点，侧面说明 985/211 高校在学校体育风险紧急应对方面的管理较总样本所显示的状况更好一些，运动风险防范的意识较高，成功的经验和个案值得深入挖掘和推广。

表 15　第 III 象限指标结构（985/211 高校）

象限	题号	题项
第 III 象限： 日常风险防控区 （风险发生可能性小、严重程度低）	2	教师无法维持良好教学秩序
	3	教师擅自离岗失去对学生的监控
	4	教师贪图省事，减少操作环节
	5	教师从不检查场地设施及器材的安全性，或者使用器材不当
	8	教师教学内容超出学生承受能力，对学生完成运动项目过于严苛

续表

象限	题号	题项
	9	教师对学生运动安全教育不足
	11	教师未对不宜参加体育课的学生采取特殊的教学措施
	21	器材装备不符合安全标准或有明显不安全因素
	24	场地设施与活动要求不符,造成伤害事故
	25	教师未掌握运动损伤事故急救方法
	30	应对疫情防控的管理制度/方法不成熟

在矩阵的第Ⅳ象限内包含7个风险指标,具体如表16所示。这些风险因素虽然严重程度不高,但经常发生且较为普遍。随着国家对学校体育的重视,"教师配比不足"是目前高校普遍面临的人才资源供需矛盾问题,所以需要学校在师资力量和人力资源方面加强配置,满足体育课教学的师资供需。同时,也要特别关注因学生身心素质及场地器材设施等问题造成的风险,需要将其纳入常规性监管范畴。

表16　第Ⅳ象限指标结构(985/211高校)

象限	题号	题项
第Ⅳ象限： 常规风险防控区 (风险发生可能性 大、严重程度低)	1	教师配比不足
	12	学生隐瞒疾病、身体生理缺陷或伤病
	13	学生身体不适或体力不符合课堂要求
	14	学生心理素质较差或者存在心理障碍
	20	器材装备数量和种类不能满足需要
	22	场地设施年久失修损坏
	28	学生因惊吓等做出错误或不当选择

4.2.4.2 基于普通或专职院校样本的风险识别与评估

基于普通或专职院校样本的风险因素严重性与可能性的得分如表17所示,严重性和可能性分别作为纵轴和横轴的四象限二维坐标如图9和图10所示。

表 17　风险因素严重性与发生可能性的分析结果（普通/专职院校）

序号	风险因素	严重性（引申重要性）	可能性
	教师（维度）	0.22	1.81
1	教师配比不足	0.01	2.06
2	教师无法维持良好教学秩序	0.06	1.84
3	教师擅自离岗失去对学生的监控	0.03	1.74
4	教师贪图省事,减少操作环节	0.04	1.83
5	教师从不检查场地设施及器材的安全性	0.07	1.83
6	教师的运动技术特长与教学内容不匹配	0.02	1.77
7	教师传授不规范或错误的技术动作	0.03	1.70
8	教师教学内容超出学生承受能力	0.07	1.74
9	教师对学生运动安全教育不足	-0.02	1.81
10	教师运动风险预判防范意识薄弱	-0.01	1.74
11	教师未对不宜参加体育课的学生采取特殊的教学措施	0.02	1.80
	学生（维度）	0.27	1.99
12	学生隐瞒疾病、身体生理缺陷或伤病	-0.01	1.82
13	学生身体不适或体力不符合课堂要求	0.07	1.98
14	学生心理素质较差或者存在心理障碍	0.04	1.99
15	学生注意力不集中,身体失去控制或平衡	-0.01	2.02
16	学生准备活动不足,贸然逞能参加体育活动	0.03	1.98
17	学生不了解器材及其操作方法而操作不当	0.05	2.01
18	学生不遵守规则做出超出技术水平和自身条件的动作	0.08	1.93
19	学生上课服装不符合要求	0.09	2.18
	场地器材（维度）	0.10	1.94
20	器材装备数量和种类不能满足需要	0.02	2.11
21	器材装备不符合安全标准或有明显不安全因素	-0.04	1.80
22	场地设施年久失修损坏	0.01	1.99

续表

序号	风险因素	严重性（引申重要性）	可能性
23	器材装备缺乏专业保护与救援措施	0.08	1.97
24	场地设施与活动要求不符,造成伤害事故	0.02	1.84
	应对措施(维度)	0.16	1.85
25	教师未掌握运动损伤事故急救方法	0.05	1.78
26	教师缺乏对学生危险行为的监管	0.01	1.77
27	学生知识经验不足无法识别判断风险	0.09	2.02
28	学生因惊吓等做出错误或不当选择	0.04	1.91
29	应对恶劣天气的管理制度/方法不成熟	-0.03	1.88
30	应对疫情防控的管理制度/方法不成熟	0.03	1.74
	维度平均	0.19	1.90
	指标平均	0.03	1.89

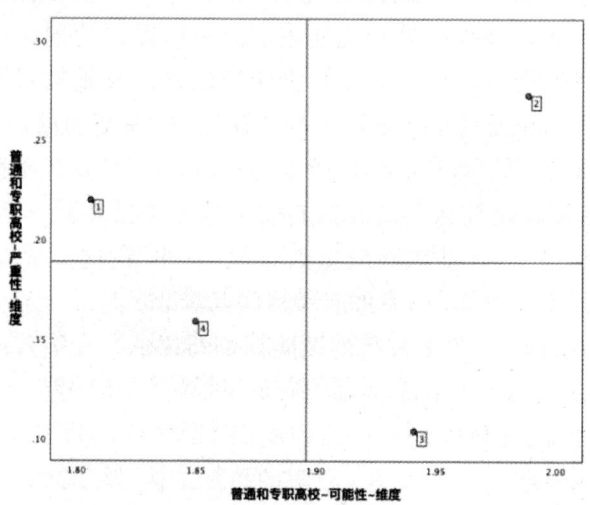

图 9　风险因素修正 IPA 矩阵(普通/专职高校,维度)

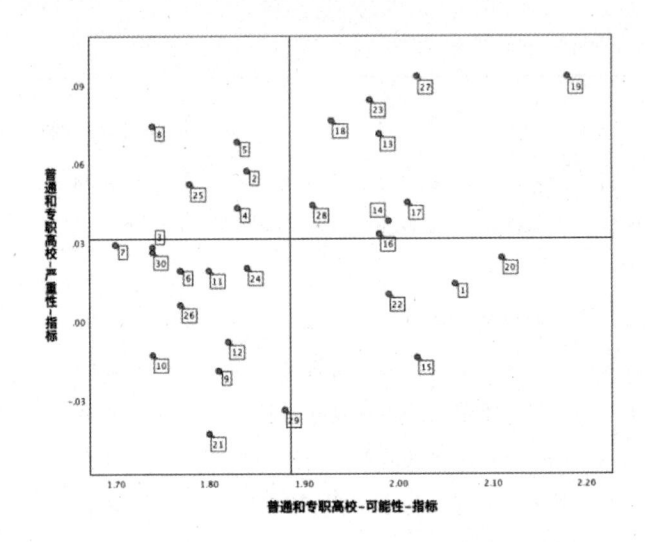

图 10　风险因素修正 IPA 矩阵（普通/专职高校，指标）

首先从"维度结构"的角度进行的风险评估。对比整体样本的"严重性—可能性矩阵图"可以看到，对于普通或高职院校而言，"学生"维度同样在风险防控层级中处于优先重点防控位置，"应对措施"维度因其低可能性和低严重性仍然处于日常防控位置，"场地器材"维度也还是以高发生概率和低风险严重程度的特性处于"常规风险防控区"。而"教师"维度则因为相对较高的风险隐患程度，从"日常风险防控区"上升到了"潜在风险防控区"。因此，在普通或专职院校的体育风险结构中，学生自身引发的运动风险应重点监管，另外，在这类学校中应关注因"场地器材"和"教师"引发的有关风险隐患。

从"指标结构"的角度进行的风险识别与评估。在矩阵的第Ⅰ象限内包含 9 个风险指标，具体如表 21 所示。这些风险因素发生概率大，且隐患严重程度高，在风险防控层级中属于"优先重点防控区"。对比全样本与普通或专职院校样本第Ⅰ象限的指标结构，除了多出一项"学生因惊吓等做出错误或不当选择"外，其余题项均与全样本保持一致。说明在普通或专职院校中，作为高校体育教学主体的学生仍然是体育风险防控的核心因素，是高校体育风险教育和管理防控的重点对象。

从"指标结构"的角度进行的风险识别与评估。在矩阵的第Ⅰ象限内包含 9 个风险指标，具体如表 18 所示。这些风险因素发生概率大，且隐患严重程度高，在风险防控层级中属于"优先重点防控区"。对比全样本与普通或专职院校样本第Ⅰ象限的指标结构，除多出一项"学生因惊吓等做出错误或不当选择"外,其余题项均与全样本保持一致。说明在普通或专职院校中,作为高校体育教学主体的学生仍然是体育风险防控的核心,是高校体育风险教育和管理防控的重点对象。

表18　第Ⅰ象限指标结构(普通/专职院校)

象限	题号	题项
第Ⅰ象限： 优先重点防控区 (风险发生可能性 大、严重程度高)	13	学生身体不适或体力不符合课堂要求
	14	学生心理素质较差或者存在心理障碍
	16	学生准备活动不足,贸然逞能参加体育活动
	17	学生不了解器材及其操作方法而操作不当
	18	学生不遵守规则做出超出技术水平和自身条件的动作
	19	学生上课服装不符合要求
	23	器材装备缺乏专业保护与救援措施
	27	学生知识经验不足无法识别判断风险
	28	学生因惊吓等做出错误或不当选择

矩阵的第Ⅱ象限的指标结构如表19所示,包括5个指标。虽然这些风险因素发生可能性较低,但严重程度较高,需做好随时应对的准备。另外,由于这些风险因素基本上都与教师相关,反映出教师维护课堂秩序的低效、操作环节的疏漏、器材使用中的隐患、课程要求与学生的承受能力不相符和事故急救方法掌握不足等问题,因此,在风险管理中应加强对教师群体课堂教学行为的监管。

表19　第Ⅱ象限指标结构(普通/专职院校)

象限	题号	题项
第Ⅱ象限： 潜在风险防控区 (风险发生可能性 小、严重程度高)	2	教师无法维持良好教学秩序
	4	教师贪图省事,减少操作环节
	5	教师从不检查场地设施及器材的安全性,或者使用器材不当
	8	教师教学内容超出学生承受能力,对学生完成运动项目过于严苛
	25	教师未掌握运动损伤事故急救方法

矩阵的第Ⅲ象限的指标结构具体如表 20 所示,共有 12 个风险指标。这些指标代表的风险因素发生概率不高,且风险隐患的严重程度低,在日常的风险管理中只需进行日常性的评估和监管。对比可知,在基于普通或高职院校样本的矩阵图的第三象限中,与"场地器材"和"应对措施"相关的风险因素与全样本保持一致,而与"教师"有关的风险因素略有不同,新增教师的教学内容与风险预判意识,不再有"教师减少操作环节"和"使用器材不当"这两项风险因素,由于第三象限中的指标所指代的风险因素发生可能性小且严重程度低,所以相较于全样本"消失"的风险因素正是普通或高职院校在风险管理中需加以注意的。

在矩阵的第Ⅳ象限内包含 4 个风险指标,具体如表 21 所示。教师配比不足和场地器材供需矛盾是各类型高校的共性问题。相较 985/211 院校来看,普通/专职院校在该象限中由学生自身原因导致的风险因素有所减少,说明该类院校学生对自身身体素质及心理状态比较了解,运动风险认知较为清晰。虽然这些风险因素的严重程度不高,但因经常发生而较为普遍,需要纳入常规性监管范畴。

表 20　第Ⅲ象限指标结构(普通/专职院校)

象限	题号	题项
第Ⅲ象限: 日常风险 防控区 (风险发生 可能性小、 严重程度 低)	3	教师擅自离岗失去对学生的监控
	6	教师的运动技术特长与教学内容不匹配
	7	教师传授不规范或错误的技术动作
	9	教师对学生运动安全教育不足
	10	教师运动风险预判防范意识薄弱
	11	教师未对不宜参加体育课的学生采取特殊的教学措施
	12	学生隐瞒疾病、身体生理缺陷或伤病
	21	器材装备不符合安全标准或有明显不安全因素
	24	场地设施与活动要求不符,造成伤害事故
	26	教师缺乏对学生危险行为的监管
	29	应对刮风、下雨、雾霾等恶劣天气的管理制度/方法不成熟
	30	应对疫情防控的管理制度/方法不成熟

表 21　第 IV 象限指标结构（普通 / 专职院校）

象限	题号	题项
第Ⅳ象限： 常规风险防控区 （风险发生可能性 大、严重程度低）	1	教师配比不足
	15	学生注意力不集中，身体失去控制或平衡
	20	器材装备数量和种类不能满足需要
	22	场地设施年久失修损坏

4.2.4.3 以学校类型为区分变量的风险识别差异

上文分析了 985/211 高校和普通 / 专职院校的风险认知及评估情况，通过与全样本矩阵图以及各象限指标结构的对比，主要发现汇总如下。

首先，从维度来看，与"学生"有关的风险因素是各类样本风险防范及管理的重中之重。相较于全样本，985 或 211 高校中与"场地器材"有关的风险因素发生概率相对较小，与"应对措施"相关的风险因素的严重程度相对较高；普通或专职院校中与"教师"有关的风险因素的严重程度相对较高。由此可见，985 或 211 高校在风险管理中应该重点关注与"学生"和"应对措施"相关的风险因素，"教师"和"场地器材"置于定期评估的监管序列即可；而在普通高职院校中，应该重点关注"学生""教师"和"场地器材"有关的风险因素，并定期评估应对措施相关的风险因素。

其次，从具体指标来看，与全样本结果比较，985 或 211 高校需注意防范"学生注意力不集中而身体失去控制或平衡"所引起的运动伤害，这是具有相对较高的运动风险发生概率和风险隐患程度的风险因素；此外，还需在监管"学生的危险行为""应对恶劣天气的管理制度"方面加强防范并做出改进。相对而言，985 或 211 高校在教师"维持良好的教学秩序""教学内容的合理性"和"掌握运动损伤事故急救方法"可能做得比较好，这三个因素在其风险认知中有着相对较低的发生可能性和隐患严重性。对于普通高职院校而言，需加强防范"学生因惊吓等出现错误或不当选择"这一风险因素，也需要关注教师"减少操作环节"和"使用器材不当"两项风险因素，而教师的教学内容和风险预判防范意识在其认知中属于低可能性和低严重性的风险因素，只需在风险管理中进行定期评估即可。

对比 985/211 高校样本和普通/专职院校样本的数据,风险可能性与严重性得分的柱状图如图 11、图 12 所示。在风险认知的可能性方面,985/211 高校样本的"学生"维度得分均值显著高于普通/高职院校样本的得分均值,普通/专职院校在"教师""场地器材"和"应对措施"维度高于 985/211 高校;在风险认知的严重性方面,985/211 高校在"学生"和"应对措施"维度的得分均值高于普通/专职院校,普通/专职院校则在"教师"和"场地器材"维度的得分均值高于 985/211 高校。

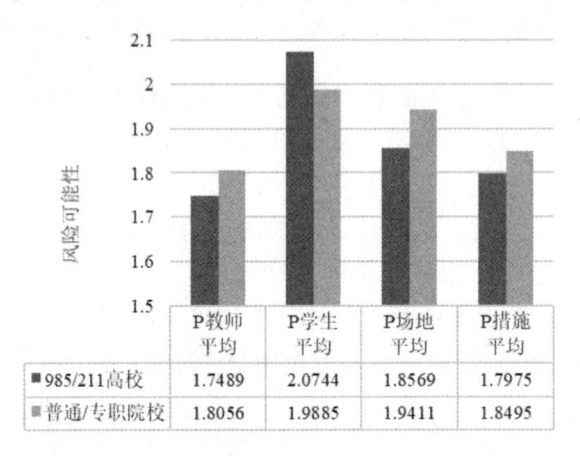

	P教师平均	P学生平均	P场地平均	P措施平均
985/211高校	1.7489	2.0744	1.8569	1.7975
普通/专职院校	1.8056	1.9885	1.9411	1.8495

图 11　学校类型与风险认知(可能性)

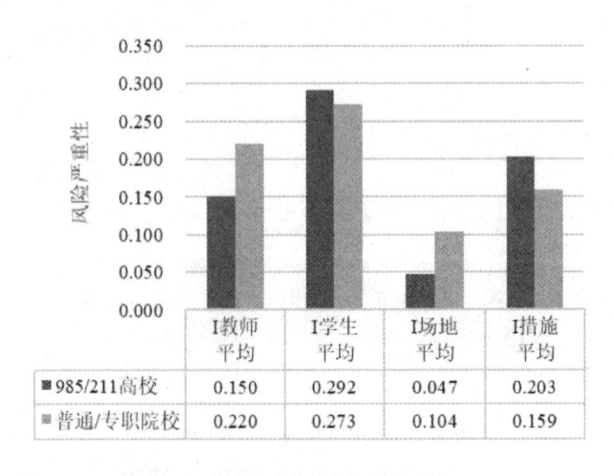

	I教师平均	I学生平均	I场地平均	I措施平均
985/211高校	0.150	0.292	0.047	0.203
普通/专职院校	0.220	0.273	0.104	0.159

图 12　学校类型与风险认知(严重性)

上述分析表明,一方面,风险认知的数值对比再次验证了矩阵图对比中的结论,即,从总体层面来看,985 或 211 学校应重点关注与"学生"和"应对措施"相关的风险因素,而普通或专职院校应重点关注与"学生""教师"和"场地器材"相关的风险因素。另一方面,相对于"可能性—严重性"矩阵分布图而言,风险认知数值能显现出在可能性与严重性方面更为具体、更为详细的结果。例如,在"可能性—严重性"矩阵分布图中,"学生"维度的风险可能性和隐患严重性在985/211高校和普通/专职院校中均位于第一象限,也即风险管理中的"优先重点防控区",说明与学生相关的风险因素都是两个不同类型学校的风险管理中的重点,但风险认知数值对比可以更具体地看到985/211高校在学生维度的得分均高于普通/专职院校。这种具体化的结果呈现有助于不同类型的学校更清晰地辨识自身运动风险的结构,并根据其风险认知与评估的结果制定相应的风险管理措施。

4.2.5 身份类型与风险评估

除了985/211高校与普通专职院校之外,不同的身份类型也有可能对风险认知存在差异,对于哪些风险更有可能发生以及哪些风险更严重,教师与学生的认识可能存在不同。教师是课堂的主导者,也是风险管理的直接责任人,因其身份和教学经验而对风险因素的认知或许更为深刻、专业;而学生作为课堂的主体和风险的直接体验者,是风险管理的核心对象目标,对风险因素具有更为切身的直接体验,其意见同样有着重要的参考价值。教师与学生的身份差异是否会导致风险认知差异是下面的研究想要解释的主要问题。与前文类似,接下来首先将教师和学生的样本分别与全样本进行对比,再对比教师样本与学生样本之间的差异。

4.2.5.1 基于教师样本的风险识别与评估

基于教师样本的风险因素严重性与发生可能性的得分如表22所示。以严重性与可能性的均值作为交叉点,并以严重性为纵轴、可能性为横轴,绘制的四象限二维坐标如图13和图14所示。

表22 风险因素严重性与发生可能性的分析结果(教师)

序号	风险因素	严重性 (引申重要性)	可能性
	教师(维度)	0.16	1.83
1	教师配比不足	-0.07	2.42

续表

序号	风险因素	严重性（引申重要性）	可能性
2	教师无法维持良好教学秩序	0.07	1.64
3	教师擅自离岗失去对学生的监控	0.14	1.53
4	教师贪图省事,减少操作环节	0.02	1.78
5	教师从不检查场地设施及器材的安全性	-0.07	1.83
6	教师的运动技术特长与教学内容不匹配	0.09	1.92
7	教师传授不规范或错误的技术动作	0.14	1.77
8	教师教学内容超出学生承受能力	0.04	1.76
9	教师对学生运动安全教育不足	-0.04	1.86
10	教师运动风险预判防范意识薄弱	0.19	1.85
11	教师未对不宜参加体育课的学生采取特殊的教学措施	0.02	1.78
	学生(维度)	0.25	2.24
12	学生隐瞒疾病、身体生理缺陷或伤病	-0.16	2.23
13	学生身体不适或体力不符合课堂要求	0.01	2.15
14	学生心理素质较差或者存在心理障碍	0.21	2.31
15	学生注意力不集中,身体失去控制或平衡	-0.03	2.3
16	学生准备活动不足,贸然逞能参加体育活动	-0.12	2.25
17	学生不了解器材及其操作方法而操作不当	0.10	2.18
18	学生不遵守规则做出超出技术水平和自身条件的动作	0.03	2.13
19	学生上课服装不符合要求	0.01	2.38
	场地器材(维度)	0.07	2.23
20	器材装备数量和种类不能满足需要	-0.06	2.38
21	器材装备不符合安全标准或有明显不安全因素	-0.06	1.90
22	场地设施年久失修损坏	-0.05	2.45
23	器材装备缺乏专业保护与救援措施	0.08	2.36
24	场地设施与活动要求不符,造成伤害事故	0.06	2.08

续表

序号	风险因素	严重性（引申重要性）	可能性
	应对措施（维度）	0.15	2.01
25	教师未掌握运动损伤事故急救方法	0.13	2.02
26	教师缺乏对学生危险行为的监管	0.10	1.82
27	学生知识经验不足无法识别判断风险	-0.01	2.42
28	学生因惊吓等做出错误或不当选择	-0.11	1.91
29	应对恶劣天气的管理制度/方法不成熟	0.00	2.14
30	应对疫情防控的管理制度/方法不成熟	-0.06	1.76
	指标平均	0.02	2.04
	维度平均	0.16	2.08

首先，从"维度结构"的角度进行风险评估的对比发现，教师样本的矩阵图中四个维度在各个象限的分布与全样本基本一致。但从数值来看，教师样本对于运动风险严重性的评分整体略低于全样本（0.16 vs 0.18），对运动风险发生可能性的打分则高于全样本（2.08 vs 1.89）。单纯从得分高低看，前者评分的降低主要受到"学生"维度的严重性评分下降了0.05的影响；后者评分的上升更多受到"学生""场地器材"与"应对措施"维度的可能性评分增加的影响。从得分分值所指代的意义角度看来，这一结果可以在一定程度上反映出教师群体对运动风险的认知框架。总体而言，体育教师出于职业经验和责任使然，对运动风险的可能性持有更高的警惕，能认识到运动风险的多发性，但他们在心理层面认为，运动风险隐患似乎并不严重。通俗来讲，教师或许更倾向于认为，运动风险会经常发生但运动风险并不很可怕，在心理上存在一定的轻视心态。

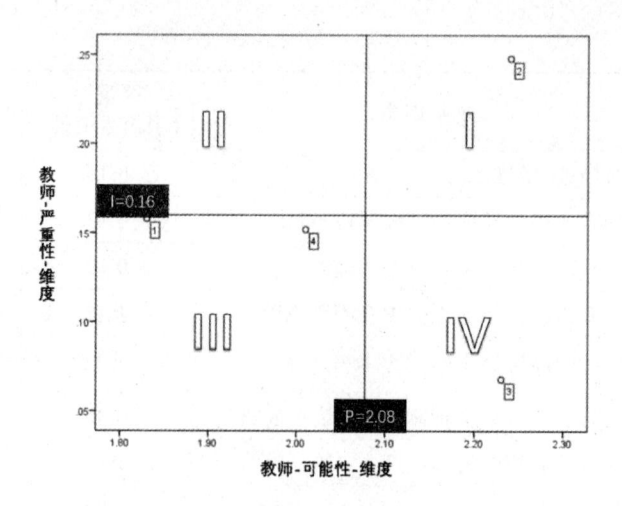

图 13 风险因素修正 IPA 矩阵(教师,维度)

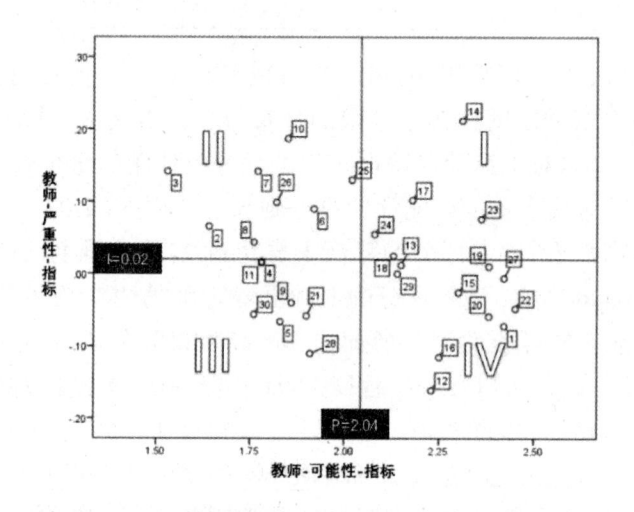

图 14 风险因素修正 IPA 矩阵(教师,指标)

从"指标设置"的角度进行风险评估发现,在矩阵的第Ⅰ象限内共有5个指标,具体如表23所示。5个指标代指的风险因素的发生概率高,风险隐患严重。与全样本相比,基于教师样本的矩阵图第Ⅰ象限的指标结果主要来源于"学生"和"场地器材"两个维度的风险因素,且题项数量大为缩减。可见,与整体样本相比,在教师群体看来,虽然"学生"和"场地设施"相关的运动风险易于发生且后果较为严重,但运动中的风险因素的可能性和严重性似乎更少一些,更轻一些。

二、主体部分

表 23　第Ⅰ象限指标结构（教师）

象限	题号	题项
第Ⅰ象限： 优先重点防控区 （风险发生可能性 大、严重程度高）	14	学生心理素质较差或者存在心理障碍
	17	学生不了解器材及其操作方法而操作不当
	18	学生不遵守规则做出超出技术水平和自身条件的动作
	23	器材装备缺乏专业保护与救援措施
	24	场地设施与活动要求不符，造成伤害事故

在矩阵的第Ⅱ象限内共有 8 个指标，具体如表 24 所示。这些指标都属于"教师"维度所隐含的风险因素。这个指标结构表明，在教师的教学过程中存在一些不经常发生但风险隐患严重程度较高的风险因素，这些因素容易被忽略，所以需要在风险管理中及早做好应对准备，加强对教师群体的专门培训。

表 24　第Ⅱ象限指标结构（教师）

象限	题号	题项
第Ⅱ象限： 潜在风险防控区 （风险发生可能性 小、严重程度高）	2	教师无法维持良好教学秩序
	3	教师擅自离岗失去对学生的监控
	6	教师的运动技术特长与教学内容不匹配
	7	教师传授不规范或错误的技术动作
	8	教师教学内容超出学生承受能力，对学生完成运动项目过于严苛
	10	教师运动风险预判防范意识薄弱
	25	教师未掌握运动损伤事故急救方法
	26	教师缺乏对学生危险行为的监管

在矩阵的第Ⅲ象限内共有 7 个指标，具体如表 25 所示。这些风险因素发生的概率较低，风险隐患的严重性不高，有必要进行定期评估。相较于全样本，教师样本在这一象限中呈现出来的不同之处在于：教师所引发的风险隐患不再包括"教师离岗失去对学生的监控"；"学生"维度的风险隐患不再包括"学生隐瞒疾病或生理缺陷"；"场地器材"维度不再包括"场地设施与活动要求不符"；"应对措施"维度不再包括"教师缺乏对学生危险行为的监管"和"应对恶劣天气的管理制度方法不成

熟",而增加了"学生因惊吓等做出错误或不当选择"因素。由于第三象限严重性低且可能性低的区域,在风险防控的结构中处于较低层级,所以上述相较于全样本"不再出现"的因素正是教师群体认为需要予以关注的风险,而与全样本对比新增的因素则是教师群体看来相对不那么重要的风险。

表25 第Ⅲ象限指标结构(教师)

象限	题号	题项
第Ⅲ象限: 日常风险 防控区 (风险发生 可能性小、 严重程度 低)	4	教师贪图省事,减少操作环节
	5	教师从不检查场地设施及器材的安全性,或者使用器材不当
	9	教师对学生运动安全教育不足
	11	教师未对不宜参加体育课的学生采取特殊的教学措施
	21	器材装备不符合安全标准或有明显不安全因素
	28	学生因惊吓等做出错误或不当选择
	30	应对疫情防控的管理制度/方法不成熟

在矩阵的第Ⅳ象限内包含10个指标,具体如表26所示。这些风险因素虽然风险隐患的严重程度不高,但经常发生且较为普遍,需要纳入常规性监管范畴。

表26 第Ⅳ象限指标结构(教师)

象限	题号	题项
第Ⅳ象限: 常规风险 防控区 (风险发生 可能性大、 严重程度 低)	1	教师配比不足
	12	学生隐瞒疾病、身体生理缺陷或伤病
	13	学生身体不适或体力不符合课堂要求
	15	学生注意力不集中,身体失去控制或平衡
	16	学生准备活动不足,贸然逞能参加体育活动
	19	学生上课服装不符合要求
	20	器材装备数量和种类不能满足需要
	22	场地设施年久失修损坏
	27	学生知识经验不足无法识别判断风险
	29	应对刮风、下雨、雾霾等恶劣天气的管理制度/方法不成熟

二、主体部分

4.2.5.2 基于学生样本的风险识别与评估

基于学生样本的风险因素严重性与发生可能性的得分如表 27 所示。以严重性与可能性的均值作为交叉点,并以严重性为纵轴、可能性为横轴,绘制的四象限二维坐标如图 15 和图 16 所示。

表 27 风险因素严重性与发生可能性的分析结果(学生)

序号	风险因素	严重性 (引申重要性)	可能性
	教师(维度)	0.19	1.78
1	教师配比不足	0.06	2.42
2	教师无法维持良好教学秩序	0.09	1.64
3	教师擅自离岗失去对学生的监控	0.05	1.53
4	教师贪图省事,减少操作环节	0.07	1.78
5	教师从不检查场地设施及器材的安全性	0.08	1.83
6	教师的运动技术特长与教学内容不匹配	0.07	1.92
7	教师传授不规范或错误的技术动作	0.10	1.77
8	教师教学内容超出学生承受能力	0.11	1.76
9	教师对学生运动安全教育不足	0.02	1.86
10	教师运动风险预判防范意识薄弱	0.06	1.85
11	教师未对不宜参加体育课的学生采取特殊的教学措施	0.05	1.78
	学生(维度)	0.30	1.99
12	学生隐瞒疾病、身体生理缺陷或伤病	-0.04	2.23
13	学生身体不适或体力不符合课堂要求	0.03	2.15
14	学生心理素质较差或者存在心理障碍	-0.02	2.31
15	学生注意力不集中,身体失去控制或平衡	0.00	2.30
16	学生准备活动不足,贸然逞能参加体育活动	0.05	2.25
17	学生不了解器材及其操作方法而操作不当	-0.01	2.18
18	学生不遵守规则做出超出技术水平和自身条件的动作	0.05	2.13
19	学生上课服装不符合要求	0.08	2.38

续表

序号	风险因素	严重性（引申重要性）	可能性
	场地器材(维度)	0.07	1.88
20	器材装备数量和种类不能满足需要	-0.02	2.38
21	器材装备不符合安全标准或有明显不安全因素	-0.06	1.90
22	场地设施年久失修损坏	-0.04	2.45
23	器材装备缺乏专业保护与救援措施	0.07	2.36
24	场地设施与活动要求不符,造成伤害事故	-0.03	2.08
	应对措施(维度)	0.17	1.81
25	教师未掌握运动损伤事故急救方法	0.01	2.02
26	教师缺乏对学生危险行为的监管	-0.01	1.82
27	学生知识经验不足无法识别判断风险	0.08	2.42
28	学生因惊吓等做出错误或不当选择	0.01	1.91
29	应对恶劣天气的管理制度/方法不成熟	-0.02	2.14
30	应对疫情防控的管理制度/方法不成熟	-0.02	1.76
	维度平均	0.18	1.87
	指标平均	0.03	2.04

从"维度结构"的角度进行的风险识别与评估,基于学生样本绘制的矩阵图各象限的分布与全样本一致,但对运动风险发生可能性的打分均值略低于全样本(1.87 vs 1.89)。

从"指标设置"的角度进行的风险评估发现:在矩阵的第I象限内共有7个指标,具体如表28所示。这些指标所代表的风险因素易发且严重,必须将这些风险的防控置于优先重点防控地位。该象限的指标集中于"学生"维度。与全样本相比,新增危险评估要素包括"教师"维度的师资配比问题,而减去了"学生心理素质较差"和"学生使用器材不当"两项风险因素。说明在学生群体的风险认知中,前者比后者更应该成为风险防控的优先重点。

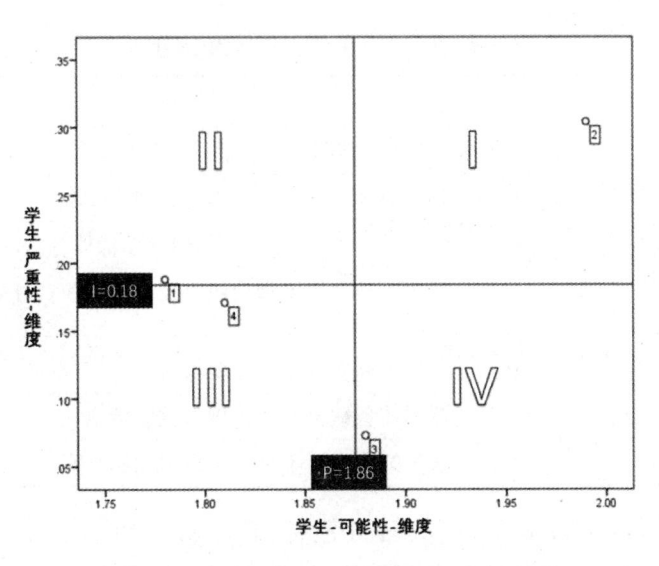

图 15　风险因素修正 IPA 矩阵(学生,维度)

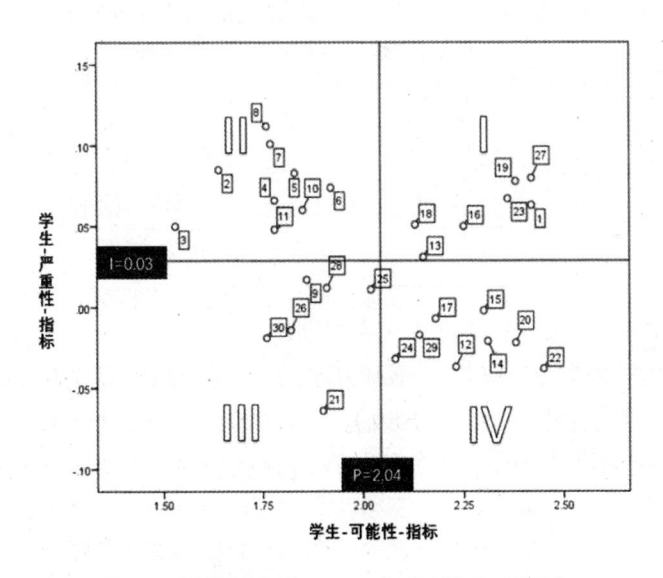

图 16　风险因素修正 IPA 矩阵(学生,指标)

表 28　第 I 象限指标结构（学生）

象限	题号	题项
第 I 象限： 优先重点防控区 （风险发生可能性 大、严重程度高）	1	教师配比不足
	13	学生身体不适或体力不符合课堂要求
	16	学生准备活动不足，贸然逞能参加体育活动
	18	学生不遵守规则做出超出技术水平和自身条件的动作
	19	学生上课服装不符合要求
	23	器材装备缺乏专业保护与救援措施
	27	学生知识经验不足无法识别判断风险

在矩阵的第 II 象限内包含 9 个指标，具体如表 29 所示。这些指标均属于"教师"维度所隐含的风险因素，具有严重的风险危害，但因为不经常发生而往往被忽略，一旦发生就需要及时并重点应对。

表 29　第 II 象限指标结构（学生）

象限	题号	题项
第 II 象限： 潜在风险防控区 （风险发生可能性 小、严重程度高）	2	教师无法维持良好教学秩序
	3	教师擅自离岗失去对学生的监控
	4	教师贪图省事，减少操作环节
	5	教师从不检查场地设施及器材的安全性，或者使用器材不当
	6	教师的运动技术特长与教学内容不匹配
	7	教师传授不规范或错误的技术动作
	8	教师教学内容超出学生承受能力，对学生完成运动项目过于严苛
	10	教师运动风险预判防范意识薄弱
	11	教师未对不宜参加体育课的学生采取特殊的教学措施

在矩阵的第 III 象限内共有 6 个指标，具体如表 30 所示。该象限包含的 6 个指标所指代的风险因素发生概率较低，风险隐患问题的严重性不高，但仍需进行定期评估和监管。与全样本相比，学生对风险的评估结果与在"教师"维度中具有较明显的差异，新增了"教师擅自离岗失

去对学生的监控""教师贪图省事而减少操作环节""教师从不检查场地设施及器材的安全性或者使用器材不当""教师未对不宜参加体育课的学生采取特殊的教学措施"4个风险因素,而减少了"学生隐瞒疾病或身体生理缺陷或伤病"因素。由于第三象限代表的风险因素以其低发生概率和低风险隐患程度位于风险管理的最次要位置,所以上述"不再出现"在Ⅲ象限内的风险因素可能在学生认知中发生概率更高或隐患严重程度较高。另外,"应对措施"维度,新增了"教师未掌握运动损伤事故急救方法"和"学生因惊吓等做出错误或不当选择"两项风险,而不见了"场地设施与活动要求不符,造成伤害事故"和"应对恶劣天气的管理制度或方法不成熟"。综合来看,这些与全样本相比"重新出现"的指标恰恰在学生群体看来是风险管理中相对不需要重点应对的风险因素,而"消失"的指标则是学生群体认知中需要予以关注的风险因素。

表30 第Ⅲ象限指标结构(学生)

象限	题号	题项
第Ⅲ象限: 日常风险防控区 (风险发生可能性小、严重程度低)	9	教师对学生运动安全教育不足
	21	器材装备不符合安全标准或有明显不安全因素
	25	教师未掌握运动损伤事故急救方法
	26	教师缺乏对学生危险行为的监管
	28	学生因惊吓等做出错误或不当选择
	30	应对疫情防控的管理制度/方法不成熟

在矩阵的第Ⅳ象限内共有8个指标,具体如表31所示。虽然这些风险问题的严重程度不高,但经常发生且较为普遍。该区域内的风险因素需要纳入常规性监管范畴。

表31 第Ⅳ象限指标结构(学生)

象限	题号	题项
第Ⅳ象限: 常规风险防控区 (风险发生可能性大、严重程度低)	12	学生隐瞒疾病、身体生理缺陷或伤病
	14	学生心理素质较差或者存在心理障碍
	15	学生注意力不集中,身体失去控制或平衡
	17	学生不了解器材及其操作方法而操作不当
	20	器材装备数量和种类不能满足需要
	22	场地设施年久失修损坏

续表

象限	题号	题项
	24	场地设施与活动要求不符,造成伤害事故
	29	应对刮风、下雨、雾霾等恶劣天气的管理制度/方法不成熟

4.2.5.3 以身份类型为区分变量的风险评估差异

从风险维度的分布来看,教师样本和学生样本的"严重性—可能性"矩阵图与全样本保持一致。具体而言,"学生"风险维度都位于矩阵第Ⅰ象限,说明运动风险的发生可能性大且隐患严重程度高,属于"优先重点防控区";"教师"和"应对措施"维度位于代表运动风险发生可能性小且严重程度低的第Ⅲ象限,属于风险防控层级的"日常风险防控区";"场地器材"维度位于矩阵第Ⅳ象限,风险隐患严重程度低但发生可能性大,属于风险防控层级的"常规风险防控区"。

从具体指标来看,除去与全样本一致的风险指标,教师群体认为需优先重点防范的风险因素集中于学生参与和场地设施两方面,但风险因素的题项相比全样本减少了将近一半。此外,在教师的评估中,"教师离岗""教师监管学生危险行为""学生隐瞒疾病""场地设施与活动要求不符"和"应对恶劣天气的制度方法不成熟"等风险因素也值得关注。而在学生群体看来,师资配比问题是发生可能性高且隐患严重程度高的风险因素,"教师离岗""遗漏操作环节""使用器材不当""未对不宜参加体育课的学生采取特殊措施""场地设施与活动要求不符""应对恶劣天气的制度方法不成熟"等在其风险评估中也属于需要加以关注的风险因素。

进一步分析数据,对比教师样本与学生在风险可能性和严重性得分上的均值,柱状如图17、图18所示。可以看到,对风险可能性的认知评估中,四个维度的得分均值之间并没有太大的差异,而且教师样本的可能性得分均值在四个维度都高于学生样本,这说明教师群体对风险因素发生可能性的警惕性更高,对运动风险的经常性有足够认识,这或许是教师本身所具有的职业敏感性和教学经历的丰富性所致。在对风险严重性的认知中,教师和学生对"场地措施"维度的评分均值显著低于其他维度。另外,学生样本的严重性得分在四个维度均高于教师样本,这可能是因为学生群体对风险因素有着更为切身的体验和稍重的恐惧心理。

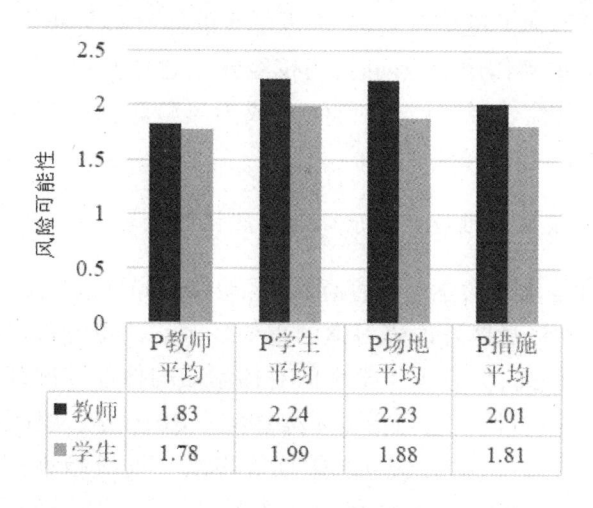

	P教师平均	P学生平均	P场地平均	P措施平均
教师	1.83	2.24	2.23	2.01
学生	1.78	1.99	1.88	1.81

图17 身份类型与风险认知(可能性)

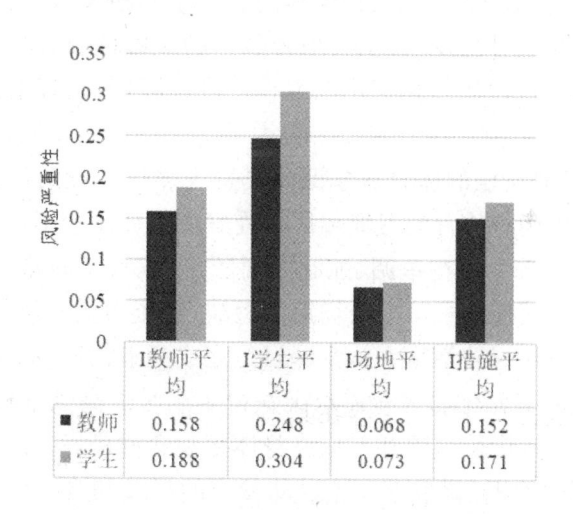

	I教师平均	I学生平均	I场地平均	I措施平均
教师	0.158	0.248	0.068	0.152
学生	0.188	0.304	0.073	0.171

图18 身份类型与风险认知(严重性)

4.2.6 经营性健身俱乐部体育教学运动风险

在体育强国战略的引领下,普通高校学生体育运动参与成为当前政府和社会十分关心且密切关注的重要工作。受各方面资源的限制,当下高校的体育教学、课外活动和竞赛等常规的体育设置难以满足学生多元化的运动需求,因而校园内带有经营性质的体育俱乐部以一种"准体育教学"的形式得到了迅猛发展,为促进学生的体育参与和体育喜好的培养起到一定的推动作用。但同时,高校经营性健身俱乐部由于其校企合作性、经济运营性、组织社会性等特点成为风险防控的盲点,也是风险管理的着重点。

4.2.6.1 高校经营性健身俱乐部的应然性解析

高校体育是培养大学生体育意识、运动技能和健康生活方式的重要阶段,也是养成终身体育锻炼习惯的重要环节。改革开放以来,人们的生活水平不断提高,但青少年学生的身体素质与体能状况却不容乐观。教育部体卫艺司司长王登峰指出[182],1985—2010 年,从体质测量数据来看,青少年的力量、耐力、速度、柔韧等素质呈下滑趋势,大学生的表现尤为突出[183]。2000—2014 年第 4 次国民体质健康监测数据同样令人担忧,虽然自 2010 年以来青少年的肺活量和绝大多数身体素质指标开始出现止跌回升的难得现象,但青少年的肥胖率及大学生的耐力、速度、爆发力、力量素质等指标仍旧继续下降,并没有出现上升拐点,很多指标甚至不如中学生[184]。

目前,我国高校的体育教学课程设置大多仅开设两年的体育课,要完成培养学生终身体育的习惯和体育爱好的目标比较困难。而且,体育教学模式或多或少存在单调、强制的问题,一成不变的课程内容难以满足众多学生的兴趣需求。学校场馆的短缺、师资力量的薄弱以及课时安排的限制等问题导致学生上体育课只是完成基本任务,而参与体育锻炼的实际需要和多元化的体育需求无法得到满足。高校本科学习阶段是培养大学生体育锻炼习惯和养成终身体育观念的最好时期,如果不能有效激发其参与动机,就很难保障运动参与的持续和终身化。同时,高校是为国家培养社会主义建设的高素质人才的机构,与大学生学业成绩优异相伴的体质健康水平持续走低是政府、社会和家庭都非常关注的问题。因此,为满足高校学生提升体质健康水平的需求,缓解传统体育教学模式对学生运动参与的桎梏,有必要创新性地引进新的组织模式以弥补学校体育的不足。

高校经营性健身俱乐部是为满足学生自身健身实际需求而进行的"自我健康投资"场所。这种新型的体育组织形式能够整合高校与社会上的优质师资力量,提高体育场馆的利用率,在课外时间、特定的场所开设健身课程。目前,高校经营性健身俱乐部的贡献和价值大致有三点:一是可以满足学生健身的多元化需求;二是结合健康管理的手段对大学生的健康生活方式给予一定指导;三是遵循市场运营规律,缓解由公务拨款所造成的经费紧张和运营不灵活的现象。同时,俱乐部又根据体育教学的目标体系,指导和规范大学生健身的内容与形式,与学校各种体育协会形成积极的互动。有些俱乐部由体育专项社团进行组织和运行管理,这些都有助于培养学生健康的体育意识,并与高校的体育教学在一定程度上保持连贯性和统一性。

虽然高校经营性健身俱乐部是学校体育的有益补充,但学校或体育管理部门对这类体育组织的关注度不高,学界研究视角也大多集中在体育教学体系内设置的教学类俱乐部,忽略了以学生自我健康投资为主导的经营性健身俱乐部,导致该类新型的体育组织或机构存在的风险问题在一定程度上处于被遮蔽状态,从而为运动风险监管预留了空间。

4.2.6.2 高校经营性健身俱乐部的运行模式

学生在自我健康投资理念引导下创立的高校经营性健身俱乐部运行模式为高校体育教学的延展提供了新的思路。课题组对北京市 8 所高校进行了实地调研,并以此梳理高校经营性健身俱乐部的运行模式。

(1)经营性健身俱乐部的运营模式

高校经营性健身俱乐部的运行基础是学生的健康投资资金,依托在校学生为主的健身消费群体,形成相对独立的健康需求市场,把俱乐部的健身指导与学校体育教学的整体规划相统一的一种经济运营性的教学模式。经营性健身俱乐部是近年来高校体育发展的新型组织机构,其特点是有效利用学生的自我健康投资为俱乐部会员提供自助式健身服务,所获资金用于俱乐部的日常运营,所获经济利益用于俱乐部的再发展,从而更好地满足大学生对健身和健康的需求。学校健身俱乐部采用体育市场管理的形式推广,俱乐部课程比较新颖,学生锻炼项目选择多、弹性大,多样的教学内容丰富了学生参加体育锻炼的学习资源和体育知识。

(2)学生运动参与动机是俱乐部运行的内驱力

为了解学生加入经营性健身俱乐部的目的,课题组以集体座谈的方式对 260 余名学生进行了调研。研究发现,"健身"和"塑形"是学生参与俱乐部的主要动机。如表 32 所示。

表 32　大学生会员参加健身俱乐部的动机

排序	动机	人数	百分比 /%
1	健体强身	107	41
2	减肥塑形	103	39
3	交友娱乐	18	7
4	放松调整	33	13

由表可知,关于大学生参加健身俱乐部的目的,其中41%的学生认为健康强壮身体是最重要的。另外,部分大学生尤其是女生把形体姿态的塑造作为健身锻炼的目标,占调查总人数的39%。有些同学希望能通过健身活动来达到排解压力、舒缓情绪的目的,少部分学生也希望在活动中结交朋友,拓宽社交范围。

（3）高校体育设置为健身俱乐部运行提供一定的支持

在针对俱乐部影响因素的主题调研发现,影响力依序为教师的专业技术水平、健身课程时间、健身价格、广告宣传和设施环境（见表33）。其中教练团队是吸引学生加入的关键因素,健身课程时间的确定直接影响到健身人群的数量;合理的价格定位才能促使他们进行健康投资,健身环境的好坏和器材设施的配备是学生参加俱乐部活动的重要环节。

表 33　影响俱乐部发展的因素

排序	因素	人数	百分比 /%
1	教练团队	141	54
2	健身时间	43	16.5
3	健身价格	33	12.7
4	广告宣传	22	8.4
5	设施环境	22	8.4

目前,高校具备俱乐部运营的必要资源。高校体育教师的专业素养深厚,为高校健身俱乐部的课程发展提供了有力保证。同时,俱乐部也为高校体育教师提供一个全方位的健身指导服务平台。此外,高校还具有相对完备的体育设施、健身设备和优美的健身环境,能够为俱乐部的健身活动提供环境保障。所以,经营性健身俱乐部依托学校的体育设置获得了资源和环境等方面的重要支持。

（4）内容和形式的灵活多变提升了俱乐部的综合效应

健身俱乐部根据大学生的健身需求和学校场地设施的现实条件,利用课后时间开展体育课上热门的运动项目,包括体育舞蹈、游泳、健身操、瑜伽、网球、高尔夫等若干符合学生群体需求的健身项目。学生利用自己的投资来获得健康的有偿服务。俱乐部有组织和有计划地安排活动并经常性地组队参加体育竞赛和表演,进行户外体验和团队建设,同时还结合具体情况,组织各种健身聚会、知识讲座和专题讨论等,以实现自我健康管理的目标。体育俱乐部的运行始终以学生为主体,尊重学生的选择和喜好,获得了一定的认同。

本次调研发现,大多数的俱乐部会员认为在俱乐部健身是有成效的,他们经过锻炼获得了身心的健康,并乐意推荐给其他同学。表34和表35的数据显示,有79.3%的会员表达出续卡的意愿,80%以上的学生表示愿意参加俱乐部的健身活动,可见高校经营性健身俱乐部具有一定的健身消费市场性。

表34 会员续卡率情况调查

续健身卡	人数	百分比/%
会	207	79.3
不会	54	20.7

表35 会员愿意参加健身活动情况调查

参加俱乐部活动	人数	百分比/%
会	222	85
不会	39	15

4.2.6.3 高校经营性健身俱乐部的运行风险识别

依据对北京市8所运营性健身俱乐部调研资料,从俱乐部会员、俱乐部教练员、俱乐部管理体系三个方面探讨俱乐部运行中的运动风险。

从俱乐部会员的角度看,运动风险因素包括:一是会员身份和角色异质性较高。会员群体除学生外,还有居民和其他身份的社会人员,俱乐部成员在年龄、背景、身体状况等方面均与学校的体育教学课的学员有很大的差异,学员身份的异质性为教学组织和风险监管增添了很大的难度;二是俱乐部部分成员有过高的健身动机,甚至可能存在健身成瘾问题,有时会因为运动过量而引发受伤风险,这一点与陈玉璞的研究结论相合[185]。三是会员存在健身知识匮乏、对自身的身体健康情况不了解、健身风险的认知度较低、心理素质较差而导致动作变形等风险因素,这些风险因素同样存在于体育教学中,在本研究的体育教学风险识别调查中已经得到证实。综合来看,俱乐部会员存在对自身健康情况的了解与评估不足、在健身过程中不能做到"量力而行"、风险的认知程度较低、应对风险的过程中由于心理素质较差会做出不正确的应对行为导致二次风险的发生等风险因素。因此高校健身俱乐部风险防范的关键点在于对高校学生和俱乐部会员的健身知识教育、安全培训、应对风险能力的培养等方面。

与俱乐部教练员相关运动风险因素包括:一是俱乐部教练员的身份比较复杂,既有来自高校的在编在岗教师,也有社会体育辅导员,还有具有体育特长或体育专业的在读大学生,多元化的师资力量和不稳定的教师队伍很难有系统化的教学组织和稳定的运动风险防控预期;二是教练员教学方法错误、纪律观念不强、安全意识淡薄、对风险的应急处理方式不当等都是调研所发现的风险因素;三是俱乐部教练员与会员之间的关系不利于培养健身运动的组织严谨性。教练员出于规避风险的考虑会严格管理课程,但有可能引发紧张关系而损害教练员的经济利益,经济逻辑与安全要求之间的平衡是俱乐部教练员必须面对的难题。

在俱乐部管理体系方面,可能存在运动风险的因素包括:一是很多高校校园内的经营性健身俱乐部由于自身基础较弱或实力欠缺,存在机构不健全、制度不完善、管理不到位的现象[186];二是大多数俱乐部出于节约经营成本的考虑,一般会租赁学校的场地设施,而且租赁的时间基本是学校体育日常安排之外的"垃圾时间",碎片化的时间安排和时常间断的课程设置很难组织起系统化的体育活动,同时增加了风险监管的难度;三是由于教练员的流动性较大,俱乐部难以进行系统的风险防控培训[187],教练员的风险应对能力和风险防范意识较弱。

4.3 体育健康大数据中心及运动风险监管模型

阶段性研究成果表明,威胁高校体育教学安全的因素众多,若只通过问卷与专家评估来预测体育教学风险,其时效性将大打折扣。在信息技术得到长足发展的今天,有必要借助新的方法与手段,来及时收集、储存大量威胁高校教学安全的信息,利用计算机强大的运算能力,提取影响体育教学安全因素的风险特征,并及时预警。体育健康大数据中心的建立是我国高校教学现代化进程的重要环节,接下来本项目将梳理建设体育健康大数据中心所涉及的技术及其适用性,勾勒出体育健康大数据中心的基本形态,为下一阶段研究打下基础。

4.3.1 体育健康大数据中心建设的技术呈现

体育健康大数据中心通过架设一个企业级的数据中心,对采集来的体育健康相关数据——包括学生的课时信息、运动环境信息、体检体测数据和穿戴设备提供的实时运动健康数据等,进行数据采集、数据清洗、数据建模、数据计算、数据分析,然后对分析结果加以判断、应用,建立一套体育运动健康风险预警系统。

4.3.1.1 数据中心的生态系统

在管理学领域,"生态系统"一词最早出现在商业生态系统研究中,它借鉴了生态学的比喻,是指由相互作用、相互影响的参与者组成的经济共同体。体育健康大数据生态系统能够完整地描绘体育与健康监测数据的流向及其各个环节,有利于对体育健康大数据中心进行抽象建模,也对于接下来进行技术上的架构发挥着至关重要的作用(见图19)。

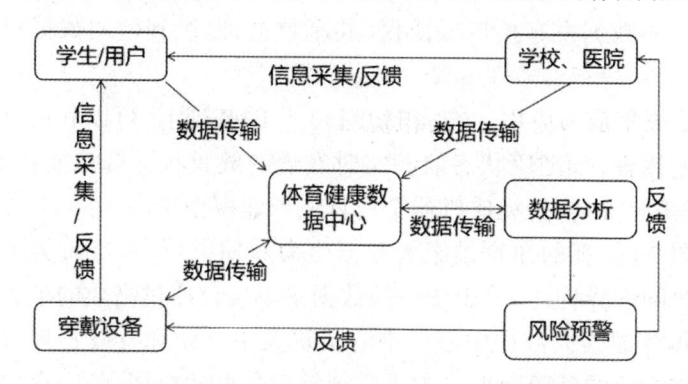

图 19 体育健康大数据中心生态系统结构图

在健康监测数据生态系统中,存在6种不同的角色:
①学生/用户是健康监测数据的来源,也是最终反馈的目标。
②穿戴设备是生态系统的"生产者",它作为采集的数据源,将学

生/用户产生的数据源源不断地传输到体育健康大数据中心。

③学校与医院也是生态系统的"生产者",与穿戴设备一样,分别向体育健康大数据中心传输学生/用户的体测、体检等数据。

④体育健康大数据中心是整个生态系统的核心,将收集到的学生/用户数据存储在搭建的数据管理平台上,并提供外部访问接口,供数据分析平台调用,同时为学生/用户提供健康状态监测服务。

⑤数据分析平台将采集到的数据进行系统性分析,通过各种算法,确定众多因素与风险之间存在的相关性,进而识别预测体育教学当中存在的风险。

⑥风险预警实质上是一个信息接收与发布平台,从数据分析平台接收数据分析结果,并将相应的信息再反馈给学生/用户、学校和医院。

健康监测数据在生态系统的不同角色中流动形成其生命周期,可分为如下阶段:

①数据采集与传输。在这个阶段,来自穿戴设备或不同学校和医院以及三方机构的健康数据,通过特定的网络情境,遵循统一的数据接入接口或协议,安全、高效地传入体育健康大数据中心。

②数据存储。体育健康大数据存储主要实现数据的持久化,负责将数据以合适的组织形式高效地存储在大数据集群上,为实时计算、查询等提供数据支持。

③数据发布共享。数据发布共享也是为数据的应用提供底层支持。通过统一的数据发布接口或协议,共享数据,以供其他的数据应用平台利用。

④数据集成与应用。在完成以上工作的基础上,可以利用这些信息进行数据挖掘,如健康状态监测实时发现的健康状况规律或者血压、体温、血糖等异常情况,集成机器学习算法构建模型预测风险等。

从图 20 呈现的体育健康大数据生命周期中可以看出,为了屏蔽监测数据之间的异构性,采用统一的数据采集接口通过高效的数据传输通道传入体育健康大数据中心。中心负责集中存储和有效管理这些结构化和非结构化的健康数据。为了实现健康数据的应用,集中存储的数据或经过处理的数据也需要采用统一的数据发布共享接口,并传入高效数据传输通道将进行数据的发布与共享。

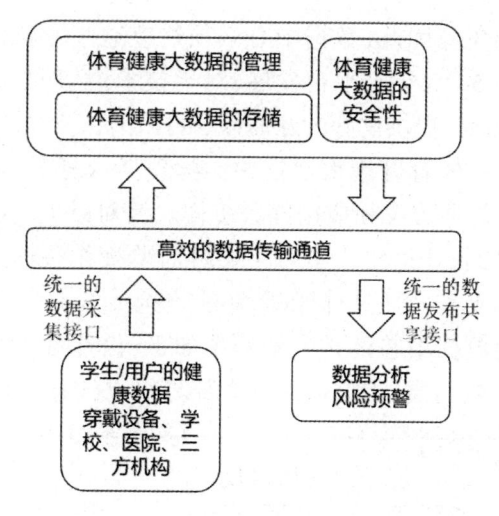

图 20　体育健康大数据的生命周期

4.3.1.2 数据中心设计方案

体育健康大数据中心在科学设计硬件系统和软件系统的基础上,以数据为中心,以安全为保障,综合多角度的思考进行系统设计。

系统设计的原则包括:

①高可靠性。采用高可靠的方案和技术,充分考虑系统的应变能力、容错能力和纠错能力,确保整个基础设施运行稳定、可靠,适应海量数据处理,保证较少的故障率。

②高安全性。体育健康数据中心的业务数据涉及用户的敏感信息。系统设计的安全性的基本要求是保证核心数据的安全,尤其是健康信息涉及个人隐私数据,更加不能大意。除了数据安全还需要保证网络建设的安全,网络安全应按照端到端访问安全、网络分层安全等维度,对网络体系进行设计规划。

③先进性。体育健康大数据中心将长期对全国各大院校的青年学生和中小学生提供健康服务,建设过程中应考虑到后期的持续业务增长,采用主流的、具有前瞻性的、先进的方案和技术,建设高性能、大容量存储的数据中心平台。

④易扩展性。随着信息化的发展,互联网产品的海量信息产生和校园网络的全面覆盖、5G 网络的建成,未来体育健康大数据中心收集的数据范围和可提供的健康服务可能更为广泛,深度也更深,系统的扩容与

业务调整在所难免。因此,数据中心必须适应这些增长,在存储和性能上能够满足未来 5~10 年的平台发展,对于技术构架的选择和协议的部署,应遵循业界标准,提供良好的互通性、可操作性,支持平台快速部署。

⑤易管理性。体育健康大数据中心物理架构复杂,设备繁多,涉及密集的 IT 技术,各种协议和应用部署多样。针对以上情况,需要提供良好的运维操作界面,让运维人员可以通过简单操作快速定位解决问题,减少运维难度和成本,为用户提供良好的体验。

体育健康大数据中心的技术架构图如下,由基础设施层、数据资源层、服务 API 层、应用层、支撑体系五大部分组成(图 21)。

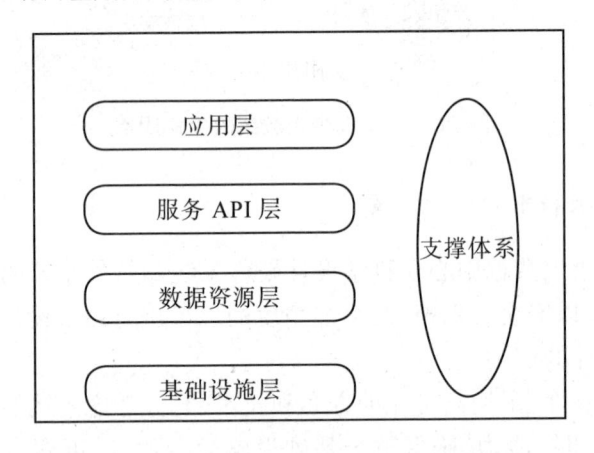

图 21 体育健康大数据中心总体架构设计

4.3.1.3 数据中心的基础设置

(1)服务器部署设计

体育健康大数据中心需采集、储存、传输和分析大量的数据,这必然伴随着在同一时间段内系统会并行处理许多请求的情况,因此,在中心建设时要充分考虑高并发(High Concurrency)的问题。例如,对健康数据的采集活动往往是十分密集的,间隔时间可能是毫秒级的,一台服务器显然无法满足要求,需要多台服务器对访问压力进行分解,将应用程序、文件和数据库三者分离部署在独立的服务器上来提升性能。下面分别介绍消息接收服务器、应用服务器、文件服务器、数据库服务器的部署设计方案。

消息接收服务器作为网络的节点,专门用来接收、转发、存储网络上的数据与信息(如手环收集到的运动相关信息)。做一个形象的比喻，消息服务器就像是邮局的交换机，而 PDA、手机、笔记本、微机等固定或移动的网络终端就如散落在各种办公场所、家庭、公共场所的电话机。我们与外界日常的生活、工作中的电话沟通、交流，必须经过交换机，才能到达目标电话；同样如此，我们利用手机、PDA、个人电脑等发送消息，也必须经过消息服务器，因此也可以说是消息服务器在"组织"和"领导"这些接收消息设备。它是网络上一种为客户端计算机提供各种消息服务的高性能的计算机。它的高性能主要体现在高速度的运算能力、长时间的可靠运行、强大的外部数据吞吐能力等方面。

应用服务器，采用 docker 容器的方式部署，同时做好扩容方案，根据访问量的谷值和峰值进行缩容和扩容的调节，保障系统平稳运行的同时也使得资源得到有效利用，在不影响系统运行的同时有效降低硬件资源成本和运维成本。除了硬件上的优化，也可以通过软件设计来改善网站服务器性能。众所周知，访问静态页面要比动态页面快得多的原因是，很多动态页面都需要应用程序服务器去后台数据库服务器访问并查询数据结果，然后根据返回结果调用文件服务器或者自身应用服务器上的模板来生成动态页面再返回给浏览器或者客户端。如果将大多数用户经常访问的首页等一些访问量大、但变动小的页面在动态生成后的页面，缓存在应用程序服务器或者保存为静态页面供用户索取，那数据库的访问频次将大幅下降，网站性能将得到提升，用户体验将得到优化。

文件服务器采用的方案是提供按需扩展的高性能文件存储（NAS），为云上多个弹性云服务器（Elastic Cloud Server, ECS）、容器（CCE&CCI）、裸金属服务器（BMS）提供共享访问。随着用户数量的增加，产生的文件越来越多。单台服务器肯定存储空间不足且性能有崩溃的风险。为了分解压力，需要建立分布式文件系统，本系统采用的分布式文件系统有：FastDFS、HDFS（hadoop）、NFS 等。

数据库服务器的部署采用分库部署方案，根据被采集人的年龄段、被采集的信息类型等维度进行路由访问到不同的物理服务器，这样可以避免单个数据库的性能无法支撑"高并发"访问需求的问题。在分库的基础上，我们还做了数据库读写分离方案，一般在大多数用户业务中，数据库中 80% 的操作都是在查询数据——读数据。那么改善性能的方向就一目了然——将数据库分离，一些数据库专门进行读数据业务，一些数据库专门进行写数据业务，然后通过主备同步的方式实现各数据的一致性。

在体育健康大数据中心的设计方案中,消息接收服务器、应用服务器、文件服务器、数据库服务器都分别部署 3 个节点,然后根据系统使用的高峰期和低谷期再对各类服务器进行扩容和缩容。如下图。

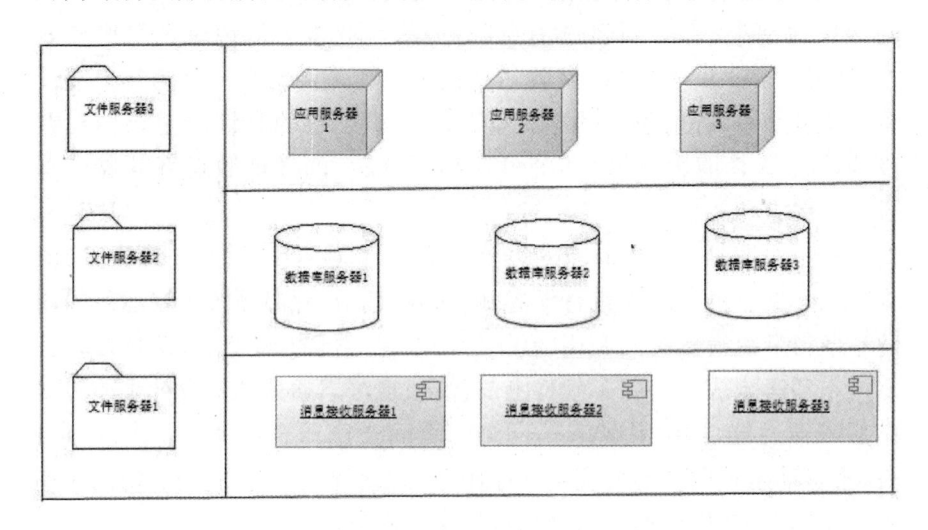

图 22　服务器节点图

(2)网络拓扑设计

当一个应用数据中心被放到互联网,提供给网络用户访问,要最先考虑的是网络安全性,例如,怎样选择最优的访问路径以减少访问堵塞,怎样避免受到网络黑客攻击,怎样让互联网用户有限制地只访问开放出去的应用部分等等。所以在设计的时候,可以通过应用级防火墙提供的接口,使用内部网段的区分和配置,按网络访问进行安全级别划分,将网络划分为三个区域:安全级别最低的 Internet 区域(互联网用户可以访问/互联网用户不能直接访问),安全级别中等的 DMZ 区域(提供给互联网用户有限制的访问)和安全级别最高的 LAN Area,见图 23。

Internet 区。在互联网用户可以访问的区域,一般都是放置网络安全设备,例如应用级防火墙、抗击 DDOS 攻击设备、链路负载均衡等;选择网络线路的链路负载均衡放置在最前方,负责网络的负载均衡。例如南方电信和北方联通存在互联互通问题,链路负载均衡器会自动判断哪条线路的速度快,并选择最快的线路。通常运营商就会提供此类服务,例如,移动云提供的弹性负载均衡,可将来自公网的业务访问流量分发到后端云主机,可选多种负载均衡策略,并支持自动检测后端云主机健康状况,消除单点故障,保障应用系统的高可用。DDOS(分布式拒绝服务)攻击通常是指黑客通过控制大量互联网上的机器(通常称为僵尸机器),在瞬间向一个攻击目标发动潮水般的攻击。大量的攻击报文导致被攻击系统的链路被阻塞、应用服务器或网络防火墙等网络基础设施资源被耗尽,无法为用户提供正常业务访问。抗DDOS设备会在服务器的攻击流量大于数据中心设定的触发阈值时,阻止该服务器的Internet访问,以避免持续攻击并确保数据中心的整体稳定性。抗DDOS设备通过为数据中心提供高带宽,将流量转换为这些IP地址,然后将清理后的流量转发到用户的源站。应用级防火墙一般是运行代理服务器的主机,它不允许传输流在网络之间直接传输,并对通过它的传输流进行记录和审计。由于代理应用程序是运行在防火墙上的软件部件,因此它处于实时记录和访问控制的理想位置。应用级防火墙可以被用作网络地址翻译器,因为传输流通过有效地屏蔽起始接入原址的应用程序后,从一面进来,另一面出去。

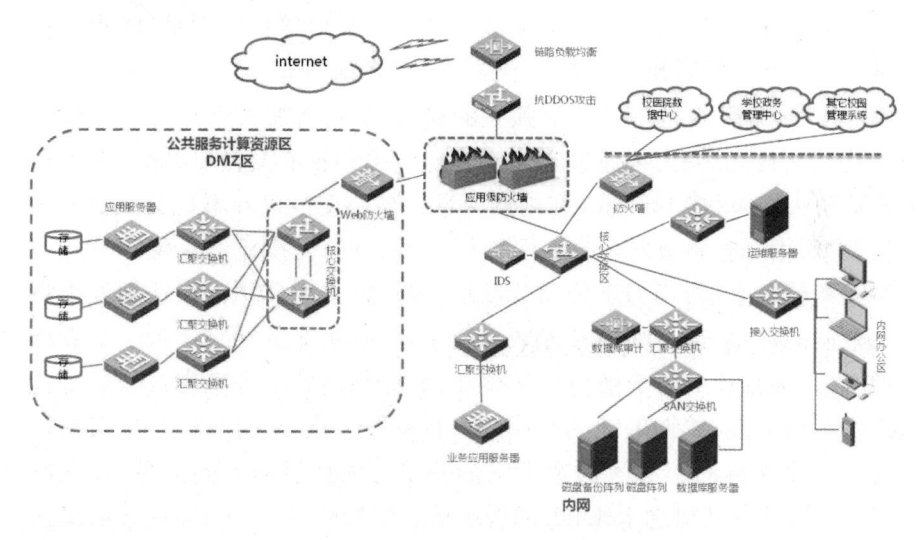

图23 体育健康大数据中心网络拓扑图

DMZ区。DMZ,是英文"Demilitarized Zone"的缩写,中文名称为"隔离区",也称"非军事化区"。它是为了解决安装防火墙后外部网络的访问用户不能访问内部网络服务器的问题而设立的一个非安全系统与安全系统之间的缓冲区。该缓冲区位于企业内部网络和外部网络之间的小网络区域内。在这个小网络区域内可以放置一些必须公开的服务器设施,如企业 Web 服务器、FTP 服务器和论坛等。另一方面,通过这样一个 DMZ 区域,更加有效地保护了内部网络。因为这种网络部署,比起一般的防火墙方案,对来自外网的攻击者来说又多了一道关卡。一般网络分成内网和外网,也就是 LAN 和 WAN。当你有 1 台物理位置上的 1 台服务器,需要被外网访问并且也被内网访问的时候,那么有两种方法,一种是放在 LAN 中,一种是放在 DMZ。因为防火墙默认情况下是为了保护内网的,所以,一般的策略是禁止外网访问内网,许可内网访问外网。但如果这个服务器能被外网所访问,那就意味着这个服务器已经处于不可信任的状态,这个服务器就不能(主动)访问内网。所以,如果服务器放在内网(通过端口重定向让外网访问),一旦这个服务器被攻击,则内网将会处于非常不安全的状态。但 DMZ 就是为了让外网能访问内部的资源,也就是这个服务器,而内网也能访问这个服务器,但这个服务器不能主动访问内网。DMZ 就是这样一个区域,让物理位置在内网的服务器能被外网所访问。这里使用一个有 3 个接口及以上的防火墙去创建隔离区,每个隔离区成为这个防火墙接口的一员,防火墙提供区与区之间的隔离。这是目前最常用的配置方式。

  在 DMZ 区内是一个相对独立的局域网络,各服务器通过接入设备连接到汇聚交换机,再通过汇聚交换机连接到核心交换机,核心交换机连接防火墙,对接 Internet 和内网区域。核心交换机并不是交换机的一种类型,而是指放在核心层(网络主干部分)的交换机。它位于三层网络架构的最上层,相当于公司的高层管理者,主要作用是快速转发来自汇聚层的数据,通过高速转发数据提供快速、可靠的网络架构。汇聚交换机,是多台接入层交换机的汇聚点,它必须能够处理来自接入层设备的所有通信量,并提供到核心层的上行链路。核心交换机、汇聚交换机与普通交换机最大的区别在于它们并不是交换机的不同类型,而是职能上的区分。从概念上来讲,部署于核心层的网络交换机就叫核心交换机。同理部署于汇聚层的交换机便叫汇聚交换机。在 DMZ 区的局域网段中,不考虑安全因素,服务器集中接入到 2 层设备。应用服务器是指通过各种协议把商业逻辑暴露给客户端的程序。它提供了访问商业逻辑的途径以供客户端应用程序使用。现在划分了 DMZ 区后,应用服务器多提供与用户交互的功能,处理接入和协同、文件传输等功能,具体的业务计算等功能设定在内网的应用服务器群组上。

二、主体部分

内网区。整个内网区的接入设备、网络比 DMZ 区复杂很多,许多服务器群组的功能又不尽相同,所以在内网区域,按不同的网段划分系统管理区、内部应用资源区、数据存储资源区、办公网络接入区和专线连接等各个功能部分。

核心交换区。核心交换区主要功能是解决路由、内网安全等问题,所以主要的设备包换核心交换机、内置防火墙板卡、IDS 入侵检测、漏洞扫描等,除了保障高速转发通信提供优化、可靠的内干传输外,还提供对核心内防的多项安全保障。核心交换区的交换机多采用核心交换机设备,主要的功能有,快速转发不同汇聚交换机过来的数据,强调数据的快速转发,并且接口数量多且带宽高。内置防火墙板卡,进一步提升网络安全性。

IDS 是英文 "Intrusion Detection Systems" 的缩写,中文意思是 "入侵检测系统"。专业上讲就是依照一定的安全策略,对网络、系统的运行状况进行监视,尽可能发现各种攻击企图、攻击行为或者攻击结果,以保证网络系统资源的机密性、完整性和可用性。IDS 入侵检测系统是一个监听设备,没有跨接在任何链路上,无须网络流量流经它便可以工作。因此,对 IDS 的部署,唯一的要求是:IDS 应当挂接在所有所关注流量都必须流经的链路上。在这里,"所关注流量" 指的是来自高危网络区域的访问流量和需要进行统计、监视的网络报文。在如今的网络拓扑中,已经很难找到以前 HUB 式的共享介质冲突域的网络,绝大部分的网络区域都已经全面升级到交换式的网络结构。因此,IDS 在交换式网络中的位置一般选择在:其一,尽可能靠近攻击源;其二,尽可能靠近受保护资源。这些位置通常是:服务器区域的交换机上;Internet 接入路由器之后的第一台交换机上。漏洞扫描设备是一类重要的网络安全设备,它和防火墙、入侵检测系统互相配合,能够有效提高网络的安全性。通过对网络的扫描,网络管理员能了解网络的安全设置和运行的应用服务,及时发现安全漏洞,客观评估网络风险等级。网络管理员能根据扫描的结果更正网络安全漏洞和系统中的错误设置,在黑客攻击前进行防范。如果说防火墙和网络监视系统是被动的防御手段,那么安全扫描就是一种主动的防范措施,能有效避免黑客攻击行为,做到防患于未然。市场上的漏洞扫描工具众多。其中尤以专门提供 Saas 服务的 Qualys 工具为首,专为各类企业提供云端的包括企业网络、网站应用等多方位的定制化扫描检测与报告服务。

系统管理区。运维职责贯穿了产品的生命周期,需要借助自动化、智能化的平台帮助运维工程师以最低的成本和最快的速度完成面向用户的服务交付和服务质量保障。运维平台主要由运维平台研发工程师理解业务需求后开发,主要包括:机器管理、资源管理、网络管理、架构基础设施、部署平台、配置管理平台、数据管理平台、监控平台、容量管理、流量管理、故障管理、业务调度平台、工作流引擎、权限管理、运维元数据管理和运维统一门户。

  产品生命周期中使用的运维平台按照其所处的层次分为如下几类:基础设施平台、构建自动化平台、数据运营平台、业务调度平台和业务平台。

  基础设施平台。基础设施平台主要用于产品发布前,包括机器管理、资源管理、网络管理以及架构基础设施。机器管理以自动化的流程管理机器,包括机器上架(机架)、下架(机架)、申请和故障修复等。资源管理的是虚拟机或者容器。私有云一般使用虚拟化技术例如 Cgroup、LXC 将物理机虚拟出若干容器,以容器为单位进行服务实例资源的分配和调度,例如 Docker。网络管理负责 DNS、IP 的申请和回收。架构基础设施包括但不局限于文件存储、数据库存储、缓存服务、消息队列等组件。各大公司的基础架构研发团队一般会研发一些基础组件,例如 Google 的 GFS、BigTable、MapReduce。当然还有一些开源的基础组件可以使用,例如分布式计算类:MapReduce、Spark、Storm、Hive;分布式存储类:HDFS、HBase、Cassandra、MongoDB;缓存类:Memcached、Redis;消息队列类:ActiveMQ 等。

  构建自动化平台。构建自动化平台服务于产品发布,包括程序、配置和数据的变更。构建自动化平台提供小流量或者分级发布机制来控制产品升级的风险,保障产品的持续交付。构建自动化平台包括部署平台、配置管理平台和数据管理平台,部署平台包括部署包版本的管理、部署执行器、部署调度平台。常见的部署执行器例如 Ansible、Sshpt。配置平台包括配置版本管理,配置分发工具以及配置分发策略平台。

  数据运营平台。数据运营平台服务于产品运行维护操作,包括监控平台、容量管理、流量管理和故障管理。监控平台采集、存储、计算服务相关的业务(例如收入、流量、响应时间)、系统(Cache 命中率、队列大小、进程句柄等)、机器/容器(CPU、内存、磁盘使用量)和网络数据(机房、网段状态),并对这些指标进行异常检测,以仪表盘和通知(电话、短信、邮件)方式和运维工程师交互,帮助运维工程师进行日常排查发现服务隐患;帮助运维工程师快速发现业务异常,并借助多维度指标分析(地域、运营商、机房多维度综合分析)、事件关联分析(指标异常事件、网络故障事件和变更事件等)等手段辅助故障诊断,快速定位问题。容量管理收集监控系统采集服务相关的资源数据(例如 CPU、内存、磁盘使用量)和性能数据(例如 QPS、响应时间),评估系统容量,发现系统瓶颈,并以服务扩容、缩容方式最大化服务性能,最小化服务成本。流量管理提供统一的流量接入方案,进行流量的接入和转发,实施全局的流量调度(外网和内网流量调度)。流量管理还承担产品的安全和防攻击(黑名单、防 DDOS 攻击、应用层防火墙)职责。故障管理实现故障快速定位和止损,提升服务稳定性。故障管理一般包括预案管理和故障记录。预案主要应对以下场景,比如突发的用户流量、网络攻击、大规模网络故障、大规模程序故障、数据丢失等。

业务调度平台。运维平台如此之多,在设计开发的过程中都必须以接口化、标准化、服务化的思维进行平台研发。这样在代码规范、接口规范、数据规范、稳定性高的平台之上就可以通过搭积木的方式快速构建更复杂业务调度平台。例如在资源管理平台、构建自动化平台、监控平台、流量管理平台、容量管理平台之上可以搭建 PaaS 平台,实现服务实例的自动化扩容、缩容和故障自动迁移。开源的业务调度平台例如 Google 的 Kubernetes 和 Apache Mesos。业务平台服务于运维工程师的日常运维工作,主要包括工作流引擎、权限管理、运维元数据管理和运维统一门户。运维操作中需要多人协作处理的流程通常都需要发操作单。例如机器故障维修单、DNS 变更操作单、数据库访问权限申请单等。这些操作流程都需要工作流引擎的支持。权限管理平台,所有的运维操作都需要角色和用户权限管理。例如运维工程师对机器的操作权限,对服务监控采集和报警策略的修改权限,对服务部署变更的权限等;例如运维经理对运维操作单的审批权限。元数据管理,包括机房、服务器、服务、产品、人员信息以及他们之间的物理和业务拓扑关系等,所有的运维平台都需要此类信息。运维统一门户使得运维人员不必面对众多运维系统,运维门户中的任务中心收集了运维工程师要处理的工作;运维门户中的信息中心以仪表盘的方式收集了运维工程师需要关注的业务状态。

内部应用资源区。内部的应用资源计算区,由汇聚交换机、应用服务器组成。因为仅允许内网用户访问,对于并发和负载的承载要求并没有那么高,交换设备和安全设施相对没有 DMZ 区复杂,但是对于应用的计算能力要求相对高,多部署虚拟化的应用服务器群组,通过虚拟化技术和分布式运算技术,将大量专用服务器的运算能力叠加起来,形成比超级计算机更强大的运算能力。从操作系统到应用,每一个新软件总会不断产生新的需求,它需要更多的数据、更高的处理能力、更大的内存。虚拟化技术可将单台物理计算机作为多台计算机使用,从而节省更多服务器和工作站的成本。借助虚拟化技术,用户能以单个物理硬件系统为基础创建多个模拟环境或专用资源。一款名为"Hypervisor"(虚拟机监控程序)的软件可直接连接到硬件,从而将一个系统划分为不同的、单独安全环境,即虚拟机(VM)。虚拟机监控程序能够将计算机资源与硬件分离并适当分配资源,这一功能对虚拟机十分重要。虚拟化可以充分利用先前所做的投资。分布式计算是一种计算方法,和集中式计算是相对的。随着计算技术的发展,有些应用需要非常大的计算能力才能完成,如果采用集中式计算,需要耗费相当长的时间来完成。分布式计算将该应用分解成许多小的部分,分配给多台计算机进行处理。这样可以节约整体计算时间,大大提高计算效率。

数据存储资源区。存储区域网(简称 SAN)是专用的、高性能网络,它用于在服务器与存储资源之间传输数据。由于 SAN 是一个独立的专用网络,从而可以避免在客户机与服务器之间的任何传输冲突。SAN 技术允许服务器到存储设备、存储设备到存储设备或者服务器到服务器的高速连接。这个存储方案使用独立的网络基础设施,消除了任何由于现有网络连接出现故障而带来的问题。存储区域网有如下特点:其一,高性能。SAN 允许两个或两个以上的服务器同时高速访问磁盘或磁带阵列,提供增强的系统性能。其二,实用性。存储区域网具有内在的灾难容错的能力,因为数据可以镜像映射到一个在 10 千米之外的 SAN 上。其三,可扩展性。如同 LAN 和 MAN, SAN 也可以使用各种各样的网络技术,这就使得系统间的备份数据操作、文件移动、数据复制很容易重新定位。

终端接入区。办公网络终端接入区,指通过接入交换机,提供内网的接入服务,同时支持服务器、PC 机、移动终端、便携终端等各种内部终端网络接入需求。简单点说就是台式机拉条网络接到交换机,手提电脑和手机通过无线 WIFI 接入办公室或者校园局域网。

二、主体部分

专线连接。租用运营商提供的 VPN 专线是常用专线连接的一种方式。VPN 即虚拟专用网络(Virtual Private Network,简称 VPN)指的是在公用网络上建立专用网络的技术。其之所以被称为虚拟网,主要是因为整个 VPN 网络的任意两个节点之间的连接并没有传统专网所需的端到端的物理链路,而是架构在公用网络服务商所提供的网络平台,如 Internet、ATM(异步传输模式)、Frame Relay(帧中继)等之上的逻辑网络,用户数据在逻辑链路中传输。它涵盖了跨共享网络或公共网络的封装、加密和身份验证链接的专用网络的扩展。VPN 主要采用了隧道技术、加解密技术、密钥管理技术和使用者与设备身份认证技术。

通常情况下,VPN 网关采取双网卡结构,外网卡使用公网 IP 接入 Internet,具体有以下几种表现形式。

其一,网络一(假定为公网 Internet)的终端 A 访问网络二(假定为公司内网)的终端 B,其发出的访问数据包的目标地址为终端 B 的内部 IP 地址。

其二,网络一的 VPN 网关在接收到终端 A 发出的访问数据包时对其目标地址进行检查,如果目标地址属于网络二的地址,则将该数据包进行封装,封装的方式根据所采用的 VPN 技术不同而不同,同时 VPN 网关会构造一个新 VPN 数据包,并将封装后的原数据包作为 VPN 数据包的负载,VPN 数据包的目标地址为网络二的 VPN 网关的外部地址。

其三,网络一的 VPN 网关将 VPN 数据包发送到 Internet,由于 VPN 数据包的目标地址是网络二的 VPN 网关的外部地址,所以该数据包将被 Internet 中的路由正确地发送到网络二的 VPN 网关。

其四,网络二的 VPN 网关对接收到的数据包进行检查,如果发现该数据包是从网络一的 VPN 网关发出的,即可判定该数据包为 VPN 数据包,并对该数据包进行解包处理。解包的过程主要是先将 VPN 数据包的包头剥离,再将数据包反向处理还原成原始的数据包。

其五,网络二的 VPN 网关将还原后的原始数据包发送至目标终端 B,由于原始数据包的目标地址是终端 B 的 IP,所以该数据包能够被正确地发送到终端 B。在终端 B 看来,它收到的数据包就和从终端 A 直接发过来的一样。

其六,从终端 B 返回终端 A 的数据包处理过程和上述过程一样,这样两个网络内的终端就可以相互通信了。

4.3.1.4 数据中心的安全保障和容灾保障

（1）数据中心的安全保障

数据中心的学生健康数据涉及个人敏感信息，一旦泄密将造成严重的社会危害，所以需要从软硬件各层面保障数据中心的安全性，从标准安全、制度安全、技术安全、应用安全、信息安全、物理安全、容灾备份等多方面着手，通过完备的安保系统保证用户数据不受侵害。除了保密性和完整性，技术安全更应从可用性、核查性、真实性、抗抵赖性以及可靠性等范围着手，涉及计算机硬件系统、操作系统、应用程序以及应用程序相关联的计算机网络硬件设施及数据库系统等计算机网络技术各方面，主要安全策略包括以下4层。

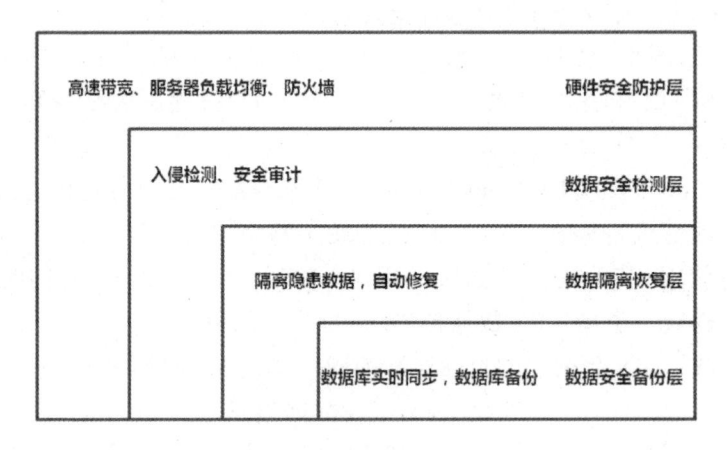

图24 安全策略图

（2）数据中心的容灾保障

体育健康大数据中心要求容灾层次应达到6或7级容灾，即无数据丢失，同时保证数据立即自动传递到恢复中心，在本地和远程数据更新时，需要利用双重在线存储和完全网络切换能力，实现实时跨站点动态负载均衡平衡和自动系统故障切换。主要的容灾手段有以下方式（见表36）。

表36 容灾手段表

容灾模式	可靠性方案	灾备恢复	数据备份需求	灾备级别
双活	负载均衡	自动	实时同步复制(<100千米)	6
热备份	集群(cluster)	自动	实时同步复制(100千米)	5/6
暖备份	人工干预	手动	异步复制(>100千米)	4/5
冷备份	人工强干预	手动	同上	1/2

企业数据中心一般选择在同城 50 千米范围内再建立备份数据中心,作为主数据中心的备份,通过专线或者传输设备对业务数据进行实时复制。在备份的同时,也可以将部分业务中心转移到备份数据中心,达到主备数据中心双活状态。此外,考虑到不可抗拒的自然灾害(如地震)对地区城市的毁灭性破坏,建议企业在有能力的情况下,在另外一个距离大于 400 千米的城市建立灾备中心,用于主备双中心的备份,定时同步生产中心和同城灾备中心的数据。当发生灾难时,尽量保证重要数据得以保持不被破坏,异地灾备中心可以用备份数据进行业务的恢复。

冷备模式(Cold Standby)。备份系统未安装或未配置成与主用系统相同或相似的运行环境,应用系统数据没有及时装入备份系统。缺点是恢复时间长,一般要数天或更长时间,数据的完整性与一致性差。灾备等级为 3 级,只适用于商业银行数据大集中初期的要求。

暖备模式(Warm Standby)。具备备份系统安装场地、备份主机、存储设备和通信设备,备份系统已经安装配置成与主用系统相同或相似的系统和网络运行环境,安装了应用系统定期备份数据。一旦发生灾难,直接使用定期备份数据,手工逐笔或自动批量追补孤立数据,恢复业务运行。缺点是恢复时间较长,一般要十几小时至数天,数据完整性与一致性较差。灾备等级为 4～5 级,只适合于商业银行数据大集中初期的要求。暖备和冷备的图示基本相同。

热备模式(Hot Standby)。备份系统处于联机状态,主用系统通过高速通信线路将数据实时传送到备份系统,保持备份系统与生产系统数据的同步。也可以定时在备份系统上恢复主用系统的数据。一旦发生灾难,不用追补或只需追补很少的孤立数据,备份系统可快速接替主用系统运行,恢复生产。优点是恢复时间短,一般几十分钟到数小时,数据完整性与一致性较好,数据丢失可能性最小。灾备等级为 5~6 级,当前金融行业主流容灾建设方向。

双活模式。采用双活模式的数据中心网络架构时,两个数据中心能同时为用户提供服务。数据中心的应用架构基本上都是多层应用架构,分 Web 层、应用服务器层、数据库层,在各层上实现双活模式的难度不同。Web 层一般不基于状态而只是 HTTP 连接,因此应用基本上可以连接到任一个数据中心的 Web 层。应用服务器层可以在不基于状态的应用上实现双活。数据库的集群不能跨越太远的距离,太远的距离会导致数据库的访问时间,同步策略等难以实现,因此数据库层的双活在相距数据中心较远时较难实现。

综合上述各种备份容灾模式中,双活备份容灾模式是容灾级别最高的,所谓"双活"数据中心,即两个数据中心都处于运作的状态,同时承担业务,两者相互备份。双活数据中心的模式,既保障了业务的连续性,还充分地利用了两个数据中心的资源。因此,体育健康大数据中心采用双活备灾模式,如下图所示。

图 25　双活容灾示意图

4.3.1.5 数据中心的数据资源层

从终端或者第三方平台采集过来的数据,传送到信息资源层。信息资源层涵盖了数据中心的各类数据、数据库、数据仓库,负责整个数据中心数据信息的存储和规划。信息资源层的规划和数据流程的定义,为数据中心提供统一的数据计算和交换功能。

通过在虚拟机上安装 Hadoop、HBase 等 Nosql 数据库集群,用 Sqoop 把现有的数据汇总,对现有的数据进行总的分析,对字段统一定义规划,制定转换策略,做到正确性、唯一性、可用性,去除重复的字段信息,通过 ETL 抽取、清洗数据,把数据导入 HDFS 或者 HBase,消除信息孤岛,用 Spark、Storm 等大数据处理软件对 HDFS 或者 HBase 中的数据进行分析处理,挖掘数据价值。

二、主体部分

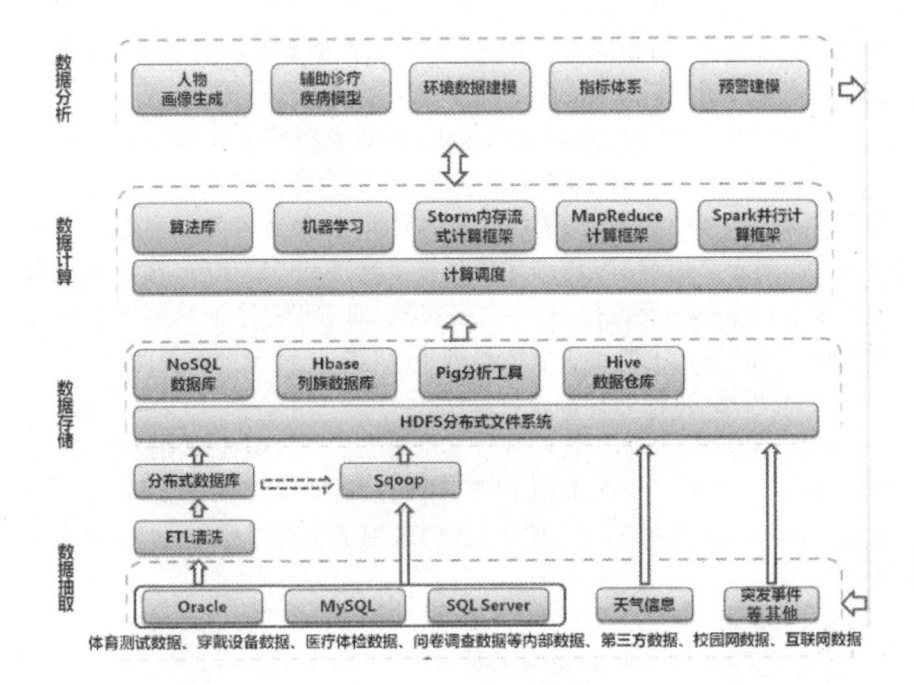

图26　数据资源层级图

（1）数据采集

体育健康大数据中心的建设涉及大量的数据采集工作，包括对环境信息的采集，如运动场馆的温度、湿度、氧气浓度、阳光充足指数等信息，还包括对人体健康指标的采集，如心跳、血压、血糖、睡眠等信息的采集，以及对人体运动信息的采集，如运动时长、运动强度等。数据采集分为客户端和服务器端两部分，客户端主要包括一些监测设备，如手环、智能手表、温度计、湿度监测仪器等设备；服务器端主要指数据直接落地到的数据库服务器，在本系统中我们采用了结构化数据库MySQL数据库，MySQL数据库具备开源免费、使用标准的SQL数据语言形式、支持多种编程语言、可移植性好等优点。

客户端和服务器端通信的方式有http方式或者消息方式。http请求默认采用同步请求方式，基于请求与响应模式，是点对点通信，即客户的一次调用只发送给某个单独的目标对象。在客户端与服务器进行通讯时，客户端调用后，必须等待服务对象完成处理返回结果才能继续执行。客户端与服务器对象的生命周期紧密耦合，客户端进程和服务对象进程都必须正常运行。客户端向服务器端发送请求的时候，如果服务器端出现网络延迟、不可达情况，可能会导致客户端也受到影响，需要

· 95 ·

处理好服务降级、熔断、隔离、限流,如果会员服务没有及时响应,或是得不到响应,客户端请求服务的时候也会受牵连。

而采用消息的方式具备以下优点,发送者将消息发送给消息服务器,消息服务器将消息存放在若干队列中,在合适的时候再将消息转发给接收者。这种模式下,发送和接收是异步的,发送者无需等待;二者的生命周期未必相同:发送消息的时候接收者不一定运行,接收消息的时候发送者也不一定运行,是一对多通信,即对于一个消息可以有多个接收者。消息队列主要解决应用解耦、异步消息、流量削锋等问题,实现高性能、高可用、可伸缩和最终一致性。

ActiveMQ 是 Apache 软件基金会所研发的开放源代码消息中间件。由于 ActiveMQ 是一个纯 Java 程序,因此只需要操作系统支持 Java 虚拟机,ActiveMQ 便可执行。所以,我们采用了非常常见的 ActiveMQ 框架,见下图。

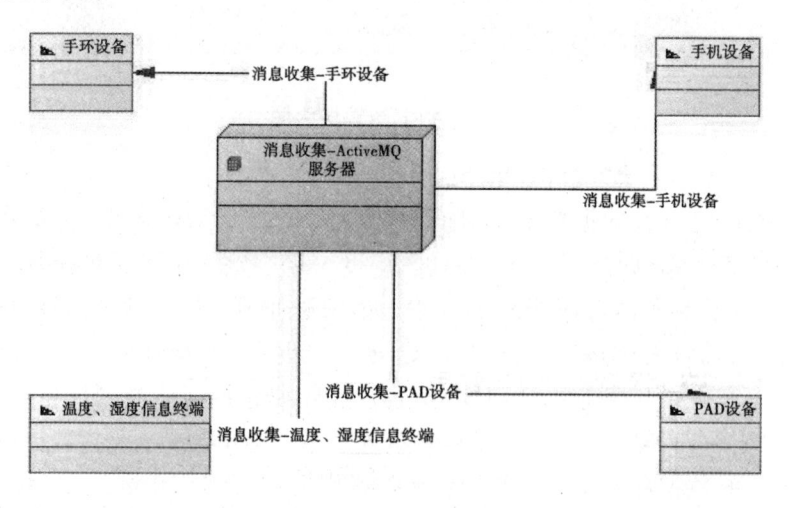

图 27 ActiveMQ 框架图

(2)数据清洗

数据清洗,是整个数据分析过程中不可缺少的一个环节,其结果质量直接关系到模型效果和最终结论。在实际操作中,数据清洗通常会占据分析过程的 50%~80% 的时间。所以数据清洗的过程就显得尤为重要,如下图所示,数据清洗操作是在数据抽取完成之后,然而事实上,数据清洗的操作在整个 ETL 过程中都会有。比如,在数据抽取时会过滤掉某些字段,去除掉重复字段等;在数据加载时会通过查询语法方式

二、主体部分

将部分不需要的信息剔除掉。这些都可以算是对数据的清洗。这样做的目的是降低数据清洗过程的复杂度,提高清洗效率。

(3)数据存储

Hadoop 体系结构。Hadoop 是一个由 Apache 基金会所开发的分布式系统基础架构。用户可以在不了解分布式底层细节的情况下,开发分布式程序。充分利用集群的威力进行高速运算和存储。Hadoop 实现了一个分布式文件系统(Distributed File System),其中一个组件是 HDFS (Hadoop Distributed File System)。HDFS 有高容错性的特点,并且设计用来部署在低廉的(low-cost)硬件上;而且它提供高吞吐量(high throughput)来访问应用程序的数据,适合那些有着超大数据集(large data set)的应用程序。HDFS 放宽了(relax)POSIX 的要求,可以以流的形式访问(streaming access)文件系统中的数据。Hadoop 的框架最核心的设计就是 HDFS 和 MapReduce。HDFS 为海量的数据提供了存储,而 MapReduce 则为海量的数据提供了计算。Hadoop 由许多元素构成。

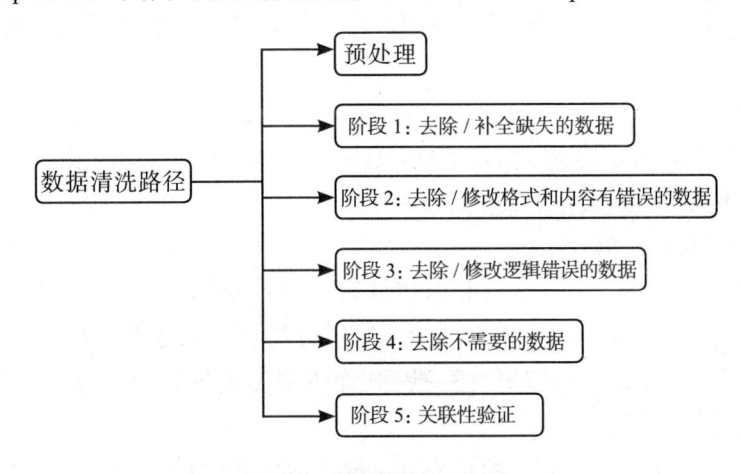

图 28 数据清洗路径图

NoSQL 数据库。NoSQL,泛指非关系型的数据库。随着互联网 web2.0 网站的兴起,传统的关系数据库在处理 web2.0 网站,特别是超大规模和高并发的 SNS 类型的 web2.0 纯动态网站时已经显得力不从心,出现了很多难以克服的问题,而非关系型的数据库则由于其本身的特点得到了非常迅速的发展。NoSQL 数据库的产生就是为了解决大规模数据集合多重数据种类带来的挑战,特别是大数据应用难题。

HBase 列族数据库。HBase 是一个分布式的、面向列的开源数据库,该技术来源于 Fay Chang 所撰写的 Google 论文"Bigtable：一个结构化数据的分布式存储系统"。就像 Bigtable 利用了 Google 文件系统（File System）所提供的分布式数据存储一样，HBase 在 Hadoop 之上提供了类似于 Bigtable 的能力。HBase 是 Apache 的 Hadoop 项目的子项目。不同于一般的关系数据库，HBase 是一个适合于非结构化数据存储的数据库。另一个不同之处在于 HBase 是基于列的而不是基于行的模式。

Hive。Hadoop Database（HBase）是一个高可靠性、高性能、面向列、可伸缩的分布式存储系统，利用 HBase 技术可在廉价 PC Server 上搭建起大规模结构化存储集群。是基于 Hadoop 的一个数据仓库工具，用来进行数据提取、转化、加载，这是一种可以存储、查询和分析存储在 Hadoop 中的大规模数据的机制。Hive 数据仓库工具能将结构化的数据文件映射为一张数据库表，并提供 SQL 查询功能，能将 SQL 语句转变成 MapReduce 任务来执行。Hive 的优点是学习成本低，可以通过类似 SQL 语句实现快速 MapReduce 统计，使 MapReduce 变得更加简单，而不必开发专门的 MapReduce 应用程序。Hive 十分适合对数据仓库进行统计分析。

Pig 分析工具。可以使用 Pig Latin 流式编程语言来操作 HBase 中的数据。和 Hive 类似，Pig 分析工具本质上也是编译成 MapReduce Job 来处理 HBase 表数据，适合做数据统计。

（4）数据计算

算法库。MLlib 是 Spark 提供的可扩展的机器学习库，其中封装了一些通用机器学习算法和工具类，包括分类、回归、聚类、降维等，开发人员在开发过程中只需要关注数据，而不需要关注算法本身，只需要传递参数和调试参数。

机器学习。Spark 中的机器学习流程大致分为三个阶段，即数据准备阶段、训练模型评估阶段以及部署预测阶段。其一，数据准备阶段。在这一阶段，将数据收集系统采集的原始数据进行预处理，清洗后的数据便于提取特征字段与标签字段，从而生产机器学习所需的数据格式，然后将数据随机分为 3 个部分，即训练数据模块、验证数据模块和测试数据模块。其二，训练模型评估阶段。通过 Spark MLlib 库中的函数将训练数据转换为一种适合机器学习模型的表现形式，然后使用验证数据集对模型进行测试来判断准确率，这个过程需要重复许多次，才能得出最佳模型，最后使用测试数据集再次检验最佳模型，以避免过度拟合的

二、主体部分

问题。其三,部署预测阶段。通过多次训练测试得到最佳模型后,就可以部署到生产系统中,在该阶段的生产系统数据,经过特征提取产生数据特征,使用最佳模型进行预测,最终得到预测结果。这个过程也是重复检验最佳模型的阶段,可以使生产系统环境下的预测更加准确。

Storm 流式计算。Storm 是一个开源的分布式实时计算系统,可以简单、可靠地处理大量的数据流。被称作"实时的 Hadoop"。Storm 有很多使用场景:如实时分析、在线机器学习、持续计算、分布式 RPC、ETL 等。Storm 支持水平扩展,具有高容错性,保证每个消息都会得到处理,而且处理速度很快(在一个小集群中,每个结点每秒可以处理数以百万计的消息)。Storm 的部署和运维都很便捷,而且更为重要的是可以使用任意编程语言来开发应用。

MapReduce 计算框架。MapReduce 是面向大数据并行处理的计算模型、框架和平台,它隐含了以下三层含义。

其一,MapReduce 是一个基于集群的高性能并行计算平台(Cluster Infrastructure)。它允许用市场上普通的商用服务器构成一个包含数十、数百至数千个节点的分布和并行计算集群。

其二,MapReduce 是一个并行计算与运行软件框架(Software Framework)。它提供了一个庞大但设计精良的并行计算软件框架,能自动完成计算任务的并行化处理,自动划分计算数据和计算任务,在集群节点上自动分配和执行任务以及收集计算结果,将数据分布存储、数据通信、容错处理等并行计算涉及的很多系统底层的复杂细节交由系统负责处理,大大减少了软件开发人员的负担。

其三,MapReduce 是一个并行程序设计模型与方法(Programming Model & Methodology)。它借助于函数式程序设计语言 Lisp 的设计思想,提供了一种简便的并行程序设计方法,用 Map 和 Reduce 两个函数编程实现基本的并行计算任务,提供了抽象的操作和并行编程接口,以简单方便地完成大规模数据的编程和计算处理。

Spark 并行计算框架。Spark 是一种与 Hadoop 相似的开源集群计算环境,但是两者之间还存在一些不同之处,这些有用的不同之处使 Spark 在某些工作负载方面表现得更加优越,具体来说,Spark 启用了内存分布数据集,除了能够提供交互式查询外,它还可以优化迭代工作负载。它是对 Hadoop 的补充,可以在 Hadoop 文件系统中并行运行。

（5）数据分析

人物画像生成。人物画像是根据目标人物的个人信息、亲族信息、医疗信息、体检信息、体测信息、社会信息等信息而抽象出的一个标签化的人物模型，无论是做大数据，还是做智能化，用户画像都特别重要。风险管理中对人物画像进行全面透视、精准分析、可行预测，是实现风险预警和风险控制的重要步骤。在体育健康大数据中心建立人物画像，需要收集以下几个要素。

其一，社会基础信息模型，包括学籍信息、亲友信息、紧急联系人、社会关系人群等。

其二，身体病历基础模型，包括病历信息、体检信息、家族遗传病史等。

其三，体质测试信息模型，包括心肺功能、耐力、身体成分等。

其四，学生课时信息模型，包括选课信息、就业信息等。

其五，实时健康模型，通过实时监测的数据，生成学生的作息信息、实时健康状况等。

其六，心理健康模型。通过网页的浏览、体育消费、论坛发言、心理评测等，建立心理状态模型。

辅助诊疗疾病模型。在体育健康大数据中心的分析过程中，另一个根本要素是运动型疾病诊疗模型。辅助诊断疾病模型旨在根据采集到的实时身体数据或者病情描述给出诊断疾病的风险预警和提示。模型需要用到人工智能领域的深度学习方法，构建的过程以大量的真实病历为基础，学习过的病历数越多，模型的准确度通常会越高，超越传统的通过规则和统计的辅助诊断方法。

环境数据建模。通过对地域、气候、地理环境、教学场地等数据的机器学习和计算，生成对体育运动环境有影响的数据模型；通过分类与回归的方式，对环境数据造成的影响进行体育运动环境建模。分类，将数据映射到预先定义的群组或类。算法要求基于数据属性值（特征值）来定义类别，把具有某些特征的数据项映射到给定的某个类别上。回归，用属性的历史数据预测未来趋势。算法首先假设一些已知类型的函数可以拟合目标数据，然后利用某种误差分析确定一个与目标数据拟合程度最好的函数。二者的区别在于，分类模型采用离散预测值，回归模型采用连续的预测值。

指标体系。作为数据分析平台，构建指标体系是极为基础和极为重要的工作内容。好的指标体系可以实时监控体育教学过程中各项数据的变化,当健康出现问题时,系统分析通过指标体系进行问题的评估和预演,能够精准定位到健康问题的原因,并给出相应的指导建议。按路径模型来建立指标体系,指从运动过程的路径出发,定义各项体育运动的基础、进阶、熟练、专业等的体能数值、身体状况数值等各项评测指标。

预警建模。选择合适的分析数据,进行预警等级分类。通过输入的目标预警对象,进行分析和判断,对多变量型的预警分析,确定多变量各个变量之间的权重,并对各个造成影响的变量进行加权计算,判断值集中于一个区间或者多个区间,输出预警等级。

4.3.1.6 数据中心的服务 API 层

体育健康数据中心是一个数据提取、清洗、分析、建模、计算与应用的系统,本系统将长期对青年学生和体育活动参与者提供服务,而对外提供服务的窗口就是服务 API 层。服务 API 层与外部数据的交换与交互协同,涉及数据集成、分析计算形成 API 服务、交互终端几个方面。

(1)数据集成

合作平台的数据集成。合作平台的系统可以在签订合作协议后,通过 VPN 专线网络对接,允许通过数据库同步工具,例如:OGG(Oracle GoldenGate)、Cannal(Alibaba 开源)、DataX 等,大批量抽取数据,实时同步或者定时增量同步等方式采集,例如学校政务平台、学校医院平台、课时管理系统等。

图 29 合作平台示意图

互联网数据集成。互联网数据分为公共服务数据和购买数据,在沟通好合作方式后,多数可以通过开放平台提供的 Open API 进行提取;例如天气数据,体育购物数据;也有一部分网页数据,可以用页面检索的方式采集,例如环境数据、舆情数据等。在软件行业和网络中,开放平台(Open Platform)是指软件系统通过公开其应用程序编程接口(API)或函数(function)来使外部的程序可以增加该软件系统的功能或使用该软件系统的资源,而不需要更改该软件系统的源代码。在互联网时代,把网站的服务封装成一系列计算机易识别的数据接口开放出去,供第三方开发者使用,这种行为就叫做 Open API,提供开放 API 的平台本身就被称为开放平台。

（2）穿戴设备数据采集

学生的实时运动健康数据的采集,依托于个人终端上体育健康 APP 与华为运动健康开放平台的对接,由华为运动健康平台通过华为穿戴设备提供的实时运动健康监测数据。华为运动健康开放平台提供了多种形式的开放能力,支持应用生态开放能力和设备接入开放能力,平台可以通过 Java API 等的调用,在 APP 上获取实时的运动、健康数据。其一,Java API 支持移动应用开发者接入,读写运动健康类数据。其二,Cloud API 支持移动应用和 Web 应用开发者接入,读写运动健康类数据。其三,JS API 支持合作伙伴服务开发者接入,为华为运动健康 App 提供高价值的运动健康增值服务。

设备接入：第三方运动设备和健康设备通过华为运动健康提供的标准蓝牙协议为硬件设备提供测量和上传数据的接口。详细的可提供的数据类型,可参照以下网址：https://developer.huawei.com/consumer/cn/doc/development/HMSCore-Guides/public-dt-0000001050069714

（3）微服务架构

应用系统的架构一般分为单体架构、SOA 架构、微服务架构等方案。单体架构是最简单的软件架构,常用于传统的应用软件开发以及传统 Web 应用。传统 Web 应用,一般是将所有功能模块都打包(jar、war)在一个 Web 容器(JBoss、Tomcat)中部署、运行。随着业务复杂度增加、技术团队规模扩大,在一个单体应用中维护代码,会降低开发效率,即使是处理一个小需求,也需要将所有机器上的应用全部部署一遍,增加了运维的复杂度。当发现单体架构很难推进需求的开发、以及日积月累的技术债出现时,很多企业会开始做单体服务的拆分,拆分的方式一般有水平拆分和垂直拆分。垂直拆分是把一个应用拆成松耦合的多个独立的应用,让应用可以独立部署,有独立的团队进行维护;水平拆分是把一些通用的、会被很多上层服务调用的模块独立拆分出去,形成一个共享的基础服务,这样拆分可以对一些性能瓶颈的应用进行单独的优化和运维管理,也在一定程度上防止了垂直拆分的重复造轮子。

SOA 也叫面向服务的架构,从单体服务到 SOA 的演进,需要结合水

二、主体部分

平拆分及垂直拆分。SOA 强调用统一的协议进行服务间的通信,服务间运行在彼此独立的硬件平台,但是需通过统一的协议接口相互协作,也即将应用系统服务化。举个易懂的例子,单体服务如果相当于一个快餐店,所有的服务员职责都是一样的,又要负责收银结算,又要负责做汉堡,又要负责端盘子,又要负责打扫,服务员之间不需要有交流,用户来了后,服务员从前到后负责到底。SOA 相当于让服务员有职责分工,收银员负责收银,厨师负责做汉堡,保洁阿姨负责打扫等,所有服务员需要用同一种语言交流,方便工作协调。

  微服务也是一种服务化,不过其和 SOA 架构的服务化概念也是有区别的,可以从以下几个关键字来理解。松耦合:每个微服务内部都可以使用 DDD(领域驱动设计)的思想进行设计领域模型,服务间尽量减少同步的调用,多使用消息的方式让服务间的领域事件来进行解耦。轻量级协议:Dubbo 是 SOA 的开源的标准实现之一,类似的还有像 gRPC、Thrift 等。微服务更倾向于使用 Restful 风格的 API,轻量级的协议可以很好地支持跨语言开发的服务,有的微服务用 Java 语言实现,有的用 Go 语言,有的用 C++,但所有的语言都可以支持 Http 协议通信,所有的开发人员都能理解 Restful 风格 API 的含义。高度自治和持续集成:从底层的角度来说,SOA 更加倾向于基于虚拟机或者服务器的部署,每个应用都部署在不同的机器上,一般持续集成工具更多是由运维团队写一些 Shell 脚本以及提供基于共同协议(比如 Dubbo 管理页面)的开发部署页面。微服务可以很好地和容器技术结合,容器技术比微服务出现得晚,但是容器技术的出现让微服务的实施更加简便,目前 Docker 已经成为很多微服务实践的基础容器。因为容器的特色,所以一台机器上可以部署几十个、几百个不同的微服务。如果某个微服务流量压力比其他微服务大,可以在不增加机器的情况下,在一台机器上多分配一些该微服务的容器实例。同时,因为 Docker 的容器编排社区日渐成熟,类似 Mesos、Kubernetes 及 Docker 官方提供的 Swarm 都可以作为持续集成部署的技术选择。

  (4)交互终端

  交互终端指用户与应用协同的终端应用,主要分为三种类型:其一,通过内网访问的 web 应用。教师等管理人员能够通过人机交互,通过浏览器访问 web 应用,操作全部应用层管理模块功能;采用账号登录,双因子验证方式,授权角色权限,访问对应的模块。

其二，移动终端 APP。移动终端绑定用户手机号码，登录后，分为教师和学生两个角色。教师允许在移动 APP 上查看学校、场馆、器材等基础信息；维护体质测试数据、课时安排、场馆及教学器材配置等信息；可以按班级查看学生群组里学生的基础信息、紧急联系人信息、学生风险预警信息，可以进行风险事件的提交。学生允许查看个人、学校、场馆、器材等信息，查看风险预警信息，实时体能监测信息的查看和导入，体检信息、病历信息的查看与导入；风险预警的评价回复、调查问卷的回复等（见图 30）。

（5）通过 API 开放平台对外提供服务

在互联网时代，把网站的服务封装成一系列计算机易识别的数据接口开放出去，供第三方开发者使用，这种行为就叫做 Open API，提供开放 API 的平台本身就被称为开放平台。Open API 规范（OAS）定义了一个标准的、语言无关的 RESTful API 接口规范，它可以同时允许开发人员和操作系统查看并理解某个服务的功能，而无需访问源代码、文档或网络流量检查（既方便人类学习和阅读，也方便机器阅读）。正确定义 OAS 后，开发者可以使用最少的实现逻辑来理解远程服务并与之交互。

Open API。Open API 有如下几大要素：其一，同步服务 API：普通的 Http 无状态单次请求和响应。其二，异步服务 API。应用于服务提供商提供的服务无法在当时处理完毕，先返回一个请求响应，当服务处理结束以后再将服务处理结果返回给服务调用者。其三，订阅服务 API。类似 RSS，服务调用者只需要订阅服务即可获得服务提供商推送的服务内容。其四，大数据量上传 API。即上传文件。

OAuth。OAuth 协议致力于使网站和应用程序（统称为消费方）能够在无须用户透露其认证证书的情况下，通过 API 访问某个 web 服务（统称为服务提供方）的受保护资源。更一般地说，OAuth 为 API 认证提供了一个可自由实现且通用的方法。

Mashup。Mashup 是糅合，是当今网络上新出现的一种网络现象，将两种以上使用公共或者私有数据库的 web 应用，加在一起，形成一个整合应用。一般使用源应用的 API 接口，或者是一些 RSS 输出（含 atom）作为内容源，合并的 web 应用什么技术，则没有什么限制。

健康大数据中心提供了海量的 API，为运动环境、体检体测数据、运动强度、运动习惯等方方面面提供了 API 查询服务，各大高校青年学生、

二、主体部分

中小学学生、体育爱好者都可以利用,从而为全民的体育健康事业做出贡献。

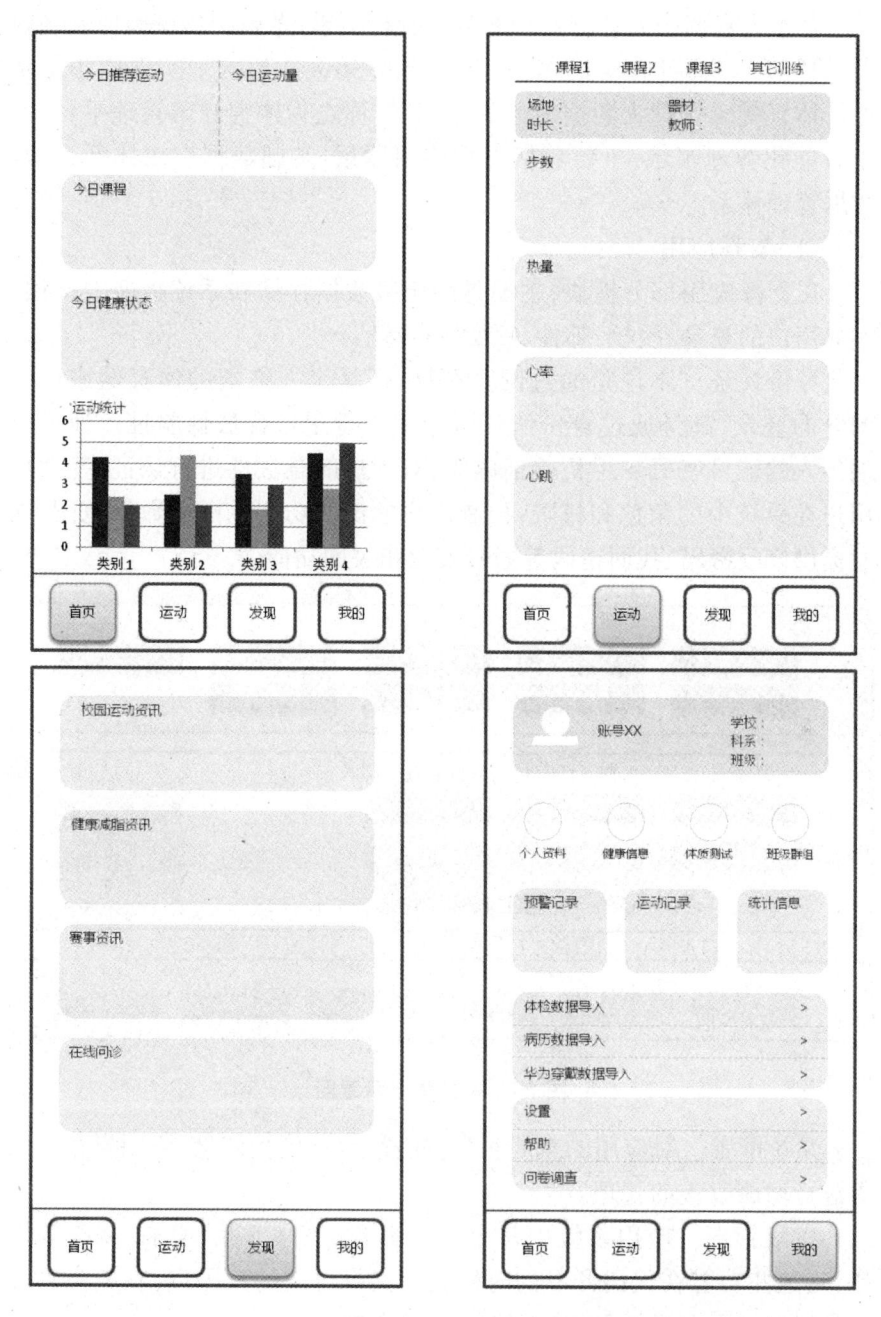

图 30 移动终端 APP 界面原型图

4.3.1.7 数据中心的应用层

基于大数据中心计算处理的数据分析结果，考虑到易移植性和当前技术优势，采取用 Java 的 MVC 开发模式 Struts2 架构来实现应用层功能。体育健康管理大数据中心的应用层，称之为体育健康管理平台，属于智能化管理领域，主要包括支撑应用体系、基础数据应用体系、运营数据管理体系。

（1）支撑应用

在支撑应用部分模块，主要是系统级数据存储和系统级能力提供，例如用户的登录、授权、邮件、短信发送等。

身份认证。不论是通过网页登录，还是个人终端的体育健康应用 APP 的登录，都是通过身份认证服务来进行用户合法性验证。通过前端传入的账号密码+手机验证码等，对用户的合法性进行认证，并取得用户在系统中的角色和权限，控制用户的访问功能范围和数据范围，同时提供修改密码、找回密码等账号安全相关的功能。

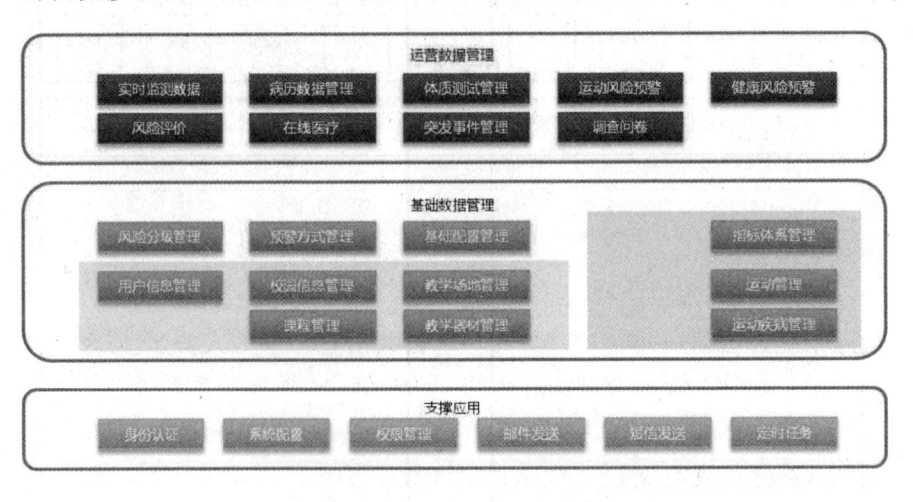

图 31　数据体系示意图

系统配置。对应用的全局参数、配置参数、模板信息、应用发布信息等进行增删改查的管理。

权限管理。应用系统中每个页面都有查看、下载、增加、删除等操作，对这些功能在代码开发的时候就定义好对应的权限点，在权限管理系统里对权限点进行登记、存储、配置等操作。

邮件发送服务。应用在运动过程中,产生的公告、通知、预警等信息,需要通过邮件发送服务发送给用户或者邮件接收人。通过邮件发送服务,应用先传递过来一个待发送邮件队列,邮件发送的主题、模板、发送人等都可以预先在系统配置里定义,通过 SMTP 服务与外网邮件服务器对接,为平台发送通知和预警邮件。

短信发送服务。应用在运动过程中,产生的公告、通知、预警等信息,需要通过短信发送服务发送给用户或者短信接收人。通过短信发送服务,应用先传递过来一个待发送短信队列,短信发送的主题、内容、发送人等都可以预先在系统配置里定义,通过与运营商提供的短信网关对接,为平台发送通知和预警短信。

调度引擎。对应用中定时数据汇总、定时数据通信等定时任务调度控制。

(2)基础信息管理

基础信息管理指体育健康应用中存储后变化较少或者变化慢的数据,主要指应用中使用或者被使用的对象。例如用户信息,而与用户有关联的是用户所属的校园信息、用户订阅的课时信息、用户使用到的教学场馆信息、教学器材信息等;另外,也要对运动的分级分类性信息进行定义,运动中各阶段的健康指标信息、运动中可能产生的疾病信息等;用户进行了运动,产生了风险预警,风险预警这个对象的属性、等级、防护及应对措施、紧急通知联系人等相关的属于风险预警对象信息。

用户信息管理。用户信息管理职能类别分为两个人群:学生信息管理和教师信息管理。用户信息包含公共信息和不同人群的私有信息。公共的信息有用户提交的社会信息、亲友信息、紧急联系人信息等增删改查管理;个人基础疾病、历史治疗、家族遗传病史等信息的增删改查管理;学生信息有学籍信息查询;教师信息有归属学校、责任班级、负责学生等信息的增删改查管理。

校园信息管理。配置校园信息、地理位置、责任人、简介、开设科目、体育相关科系、班级等信息的增删改查管理;校园信息中班级的信息又与课程和用户的信息相关联。

课程管理。课程是学校对象下面与班级相关联的一个对象,学生可以订阅这个对象,通过课程对应到运动类型上,所以这个对象非常关键。课程的属性有上课时间、地点、使用到的器材等,同时关联到运动场馆、运动器材对象上。

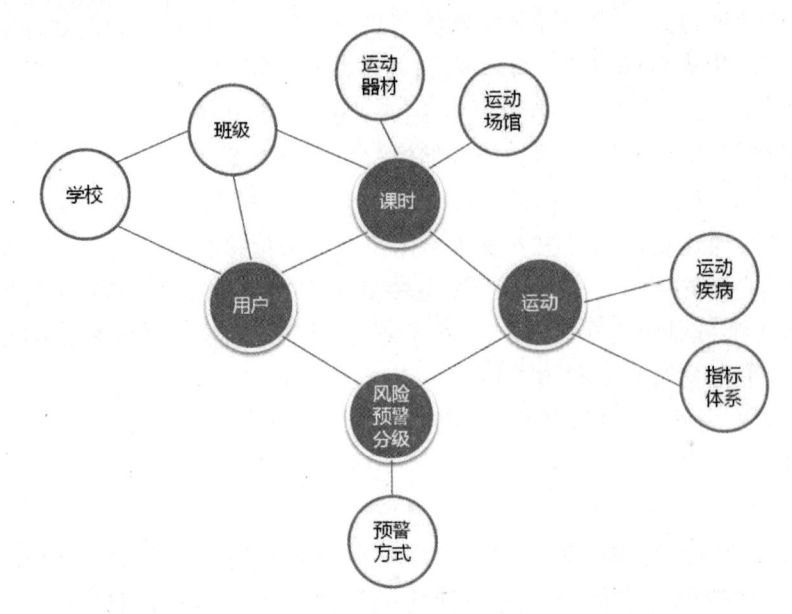

图 32　基础信息管理示意图

教学场地管理。校内、校外的教学场馆信息的增删改查管理；在运动的过程中会订制教学场地。

教学器材管理。在教学中用到的教学器材、数量、使用风险、适用环境等信息的增删改查管理；在运动的过程中会订制教学器材。

运动管理。对学生实时运动的信息进行标准定义、时长、卡路里消耗等管理。

运动疾病管理。对运动疾病的定义，相关症状，机器学习，各类算法的数据分析结果进行查看，设定人工干预参数等管理。

指标体系管理。对体育运动中的指标体系的数据分析结果进行查看，设定人工干预参数等管理。

风险分级管理。用户在运动的过程中产生了运动风险，这是个动态数据，但是运动风险的分级是一个静态的对象。风险分级管理将产生的风险进行分级定义，设定风险对应的指标差、症状、预防和应对措施等进行管理。

预警方式管理。对预警方式（APP 提醒、短信通知、通知教师、通知紧急联系人、通知疾控中心等）相关信息进行增删改查管理。

基础配置管理。国家、省、市、地区等常用基础信息的增删改查管理；疾病分类的增删改查管理；体育运动类型信息（运动类型、运动时长、体能要求、适合年龄段等）增删改查管理等等。

（3）运营信息管理

当应用系统中对象在运行的过程中定时，或者随机产生增量的许多动态数据，例如实时的体能监测数据、每年的体检数据、实时的运动数据，数据中心输出的每日风险预测数据等，我们称之为运营数据。运动数据一般依赖对应的对象产生，归属于一个对象。

实时监测管理。用户的实时监测数据，通常是从穿戴设备的实时监测数据提取，或是人工导入等方式采集。按类型分为运动数据和健康数据：运动数据一般指用户在某个时间段进行了哪一种运动，例如步数、距离、速度、步频、中高强度、GPS位置等；健康数据指穿戴设备实时采集的心率、体重、血糖浓度、血压、睡眠状态、血氧饱和度、身高、饮水量、体温等数据。针对用户日周月年的运动和健康数据的统计信息。

病历信息管理。属于用户的病历信息包括两个部分：通过与医疗机构合作抓取，或者用户主动提交的医院病历数据提交和查看；每年定时的体检数据提交和查看。

体质检测管理。属于用户的体质检测记录数据的提交和查看；针对用户日周月年的体质数据统计。

运动风险预警。当用户开始一个课程，即将进行一项运动时，综合实时的健康状态、当时的地理天气情况、运动的场馆信息、将使用到的运动器材、突然发的风险事件等，将数据输入数据中心的数据分析引擎中，通过各类模型的运算预测结果比对，可以产生一个运动风险预警记录。通过预警模型输出的运动风险，按风险等级和预警方式，进行风险预警处理。

健康风险预警。每日系统自动采集的日常信息和用户前日的运动量，综合通过预警模型输出的日常健康风险预测，按风险等级和预警方式，进行风险预警处理。

风险事件管理。人工录入突发风险事件，对风险事件影响的地区、等级、人群范围等信息进行增删改查管理。

风险评价管理。让用户对风险预警对象进行评价、提交、统计；教师可以查看到负责的风险预警评价，对风险预警的形式和应对进行调整。

问卷调查管理。学校对学生发起的关于体育健康教育相关的问卷调查的创建、审批、发送、回复、汇总统计等管理。

在线医疗。在 APP 上提供一个在线诊疗的入口，使用辅助医疗模型提供辅助诊疗的交互平台，用户可以通过输入一些常见的运动疾病症状，获得智能 AI 提出的诊疗意见。

4.3.2 数据中心的支撑体系

支撑体系包括标准规范体系、运维管理体系、数据中心组织结构等相关支撑。

建立体育健康大数据管理中心包括如下几方面。

（1）成立管理团队。设计专门的管理团队，对学生的体育健康应用平台进行行政管理、商务合作、项目研发、发展路线规划、规范制定等专项管理；管理人员具有相应的职权和责任。

（2）建立产品技术研发团队。体育健康大数据平台不是一个定型后一成不变的产品，对于学生运动和健康科学的探索仍在起步阶段。随着互联网新技术的日新月异，需要一个高科技的 IT 团队来支持平台的持续发展，提高服务质量，为师生、校园提供进一步优质的智能运动健康服务。

（3）建立专业运维团队。体育健康大数据平台网络结构复杂，应用组件繁多。为保证 24×7 小时无故障提供服务，不是一个特定运维人员的技能可以支撑的运维管理，而应该成立一个专门的运维团队来对平台进行监管和维护。

4.3.2.1 与政府、医疗、校园等平台建立深度合作

体育健康大数据平台的数据来源，除了通过穿戴设备，或者用户主动提交外，大部分的机器学习数据等来自学校医院、校园行政管理系统，与政府医疗机构的协作也息息相关，而来自这些公共社会平台的数据准确性也比其他系统更高。为了更准确地生成人物画像和提供更精准的风险预警，应不断加深与以上部门的合作协同，这不仅是提取数据，而且是反哺数据，为合作平台的精准性提供服务。

4.3.2.2 组织专家团队优化体育运动医学建模

市面上人物画像建模和专项的疾病诊疗建模，已有大的互联网公司

投入,并取得部分成果。关注运动风险对健康造成的侵害是现在社会上普遍的热点,但是运动医学建模仍是一片未开发的处女地。高校天然拥有一些高级专家等人力储备优势,因此,在体育健康大数据平台的建设过程中,除了着眼于 IT 应用研发外,更应该大力研发体育运动医学建模,使得平台的应用是基于对应学科的前沿技术上,而不是空中楼阁。

4.3.2.3 建立运动健康风险预警、风险应对标准操作规范

体育健康大数据平台的建立提供了学生的运动健康风险管理工具,但数据的采集、应用、服务提供仍依赖规范制度的支撑。在校园的行政规范中应该加入以下相应条款,支撑体育健康大数据平台的应用:运动健康数据提交管理标准规范;风险预警通知管理的多级标准规范;风险应对管理的标准操作规范。

4.3.2.4 校园内外进行健康风险意识宣传

对学生的风险预警,不仅止于发现风险、应对风险,而是要着力于加强风险的预防工作。平时应多在校园内外进行线上、线下的风险预防宣传,让学生重视运动健康风险,具备预防体育健康风险的意识和思想,主动接受并喜爱体育健康大数据中心提供的运动健康服务,主动授权上报相关医疗体能数据,使得大数据中心的数据计算能实际运用到课程和学生平时的运动训练中去。

4.3.3 数据中心的阶段成果呈现

受多方资源的限制,当下的研究成果还无法支撑起整个体育健康大数据中心的建设,因此,在有限的资源条件下,本研究对体育健康大数据中心建设的关键节点进行创新性的、阶段性的构建。虽为阶段性成果,但一来可进一步验证体育健康大数据中心设计方案的可行性,二来可在此过程中累积经验,为最终建成体育健康大数据中心打下基础。下文将从数据采集、数据传输和数据分析三个方面进行成果呈现。

4.3.3.1 数据采集的实现

(1)数据交换格式设计

Kafka 可以支持任意格式消息的发布和处理,只要消息的生产者和

消费者事先约定能够解读和处理即可,但大多数情况下采用 JSON 或者 AVRO 格式。其中 JSON 是应用最广泛的格式,由于它独立于编程语言,有很高的兼容性可以跨平台使用,并且是轻量级的,有利于提高网络的传输性能。它简洁的层次结构具有很好的自我描述特性,易于阅读和编写,也非常契合健康监测数据的组织形式,使得它成为理想的数据交换语言。JSON 格式的消息也很容易解析成计算机数据结构。一条健康监测数据的生理数据的 JSON 格式解析成 Java 语法的数据结构展示如图 33 所示。

JSON 数据格式	Java 语言解析语法
{	Class Record{
"Height":"171",	int Height;
"Weight":"60",	float Weight;
"Body_temperature":"37",	float Body_temperature;
"Blood_sugar":"5.0",	float Blood_sugar;
"Blood_oxygen":"97",	float Blood_oxygen;
"Blood_pressure":"70/110",	int Blood_pressure;
"Heart_rate":"80"	int Heart_rate;
}	}

图 33　JSON 格式数据解析成 Java 数据结构

(2) Source Connector 的实现

Source Connector 用于从数据库或者应用程序服务器导入数据到 Kafka 主题,而 Sink Connector 与之相反是从 Kafka 主题导出数据到其他系统。表 37 列出了 Kafka connect 的几个重要概念。

表 37　Kafka connect 概念介绍

概念	功能
Connectors	通过管理任务来协调数据流的高级抽象
Tasks	数据写入 kafka 和读出 kafka 的具体实现
Workers	运行 connectors 和 tasks 的进程
Converters	用于 connect 和源或者目的系统之间转换数据

开发 Source Connector,主要是实现 Source Connector 和 Source Task 这两个接口。本项目主要以文件数据作为数据源进行读取,Source

Task 逐行读取文件并把数据封装为 List<Source Record> 发送。Source Connector 开发的时序图如图 34 所示。

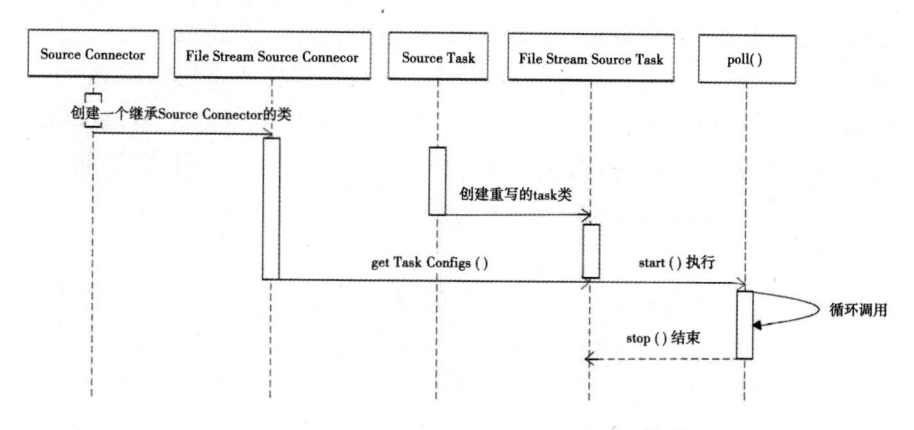

图 34　Source Connector 开发的时序图

4.3.3.2 数据传输的实现

（1）Kafka Topic 的设计

Kafka 按照不同的 Topic 对消息进行分类，将相同类型的数据发送到同一个 Topic 中，这样不仅有助于数据的管理和维护，还方便扩展。同时，按照数据类型进行分 Topic 处理，可以方便消费者订阅感兴趣的消息，因此按照消息数据类型划分 Topic 是较为合理的方案。本项目在研究的健康监测数据模型基础之上设计了 Kafka 的发布者和订阅者以及相应的部分发布主题，如图 35 所示。

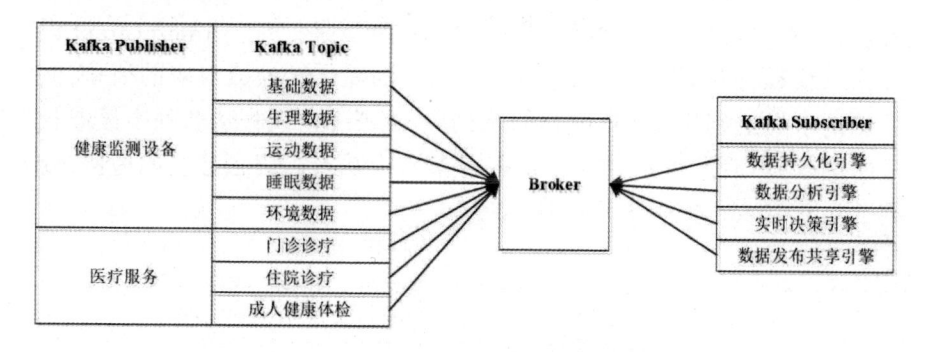

图 35　部分发布者的主题

Kafka 的发布者主要包括健康监测设备以及学生电子健康档案,其中以健康监测设备的不同种类的数据设计相应的 Kafka Topic,如基础数据、生理数据、运动数据、睡眠数据、环境数据等。学生电子健康档案主要以体测数据为主。对于订阅者可以是多种多样的,例如,数据持久化引擎,数据分析引擎(执行每个用户定义的分析或控制逻辑,从简单的反馈循环到复杂的机器学习算法,不一而足),实时决策引擎等。此外,用户可以自定义时间间隔以接收分析引擎的结果。

(2) Kafka Topic 的管理

kafka 自带的各种命令行脚本都只能运行在控制台上,不便与应用程序或运维框架进行集成,这些命令行脚本很多都是通过连接 Zookeeper 调用 Kafka 内部类来提供服务,这存在一些潜在问题。想要在 Kafka 客户端实现某些管理查看功能,就需要通过调用 API 来操作了。通过 Kafka AdminClient 实现以下四个 API 来完成 Kafka Topic 的管理,如图 36 所示:

API 功能	方法描述
创建 Topic	createTopics(Collection<NewTopic> newTopics)
删除 Topic	deleteTopics(Collection<String> topics)
查询 Topic	describeTopics(Collection<String> topicNames)
列出所有 Topic	listTopics()

图 36 Kafka Topic 管理 API

Kafka AdminClient 原理是使用 Kafka 自定义的一套二进制协议来实现,是在内部使用生产者—消费者模型将请求处理。AdminClient 设计为双线程,前端线程负责将用户要执行的操作转换成对应的请求,然后将请求发送到后端 I/O 线程的队列中,后端 I/O 线程从队列中读取相应的请求,然后发送到对应的 Broker 节点上执行。以创建主题为例,介绍 AdminClient 原理如图 37 所示:

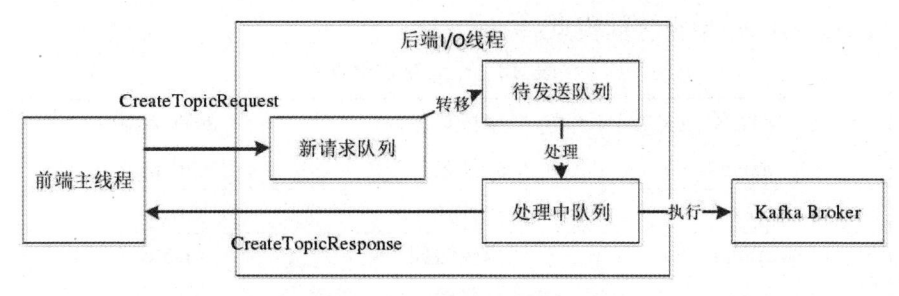

图 37 AdminClient 原理图

4.3.3.3 数据储存的实现

(1) 数据库设计

本项目所采集到的数据具有多源异构性特征,其中包括用户的基础数据,生理、运动、睡眠、环境等数据。基础数据和生理数据主要是关于诸如姓名、性别、年龄、出生日期、身高、体重、体温、血糖、血氧、血压、心率、计步、睡眠质量、热量消耗等要素的信息数据。

根据上面健康监测数据主要研究的数据元对象进行数据库设计,除此之外,还需了解 Hbase 表对于 Rowkey 和列族设计的原则。在 Hbase 中数据都是以二进制的形式存储,Rowkey 不宜过长,最好不要超过 16 个字节。如果 Rowkey 设计得过长,占用存储空间过多,使得内存的有效利用率降低,从而影响检索的效率。除了长度之外,还应该尽量保证 Rowkey 散列,避免产生聚集现象,形成数据热点,这里设计将健康档案编号或者身份证号加入 Rowkey,由于健康档案编号或者身份证号具有一定的随机性,能够保证 Rowkey 均匀散布在各个 Region 中。与此同时还要考虑到集群查询性能,由于健康监测数据基于时间序列的特性,基本都是查询某个用户一段时间的数据,所以 Rowkey 的设计采用 id+时间(timestamp)的形式,这样一个用户的健康监测信息就会连续存储在某个 Region 中。这样的设计能够实现总体分散局部集中,既能够保证散列,也能提高查询效率。

Hbase 的列族也是越少越好,因为一个列族对应内存中的一个 store 区域,随着数据量的增大,storefile 会合并,在查询多列族数据的时候,需要跨文件访问数据的内容,会降低查询效率。所以在数据量较大时我们可以设计多张表来满足需求,把具有关联性的信息尽量放在一个列族下,减少跨文件的数据访问。基于以上原则,以《个人基本数据集》《穿戴设备数据集》和《健康监测数据集》标准作为例子进行研究说明,分析得到 HBase 数据存储模型。

表 38　个人基本数据集

字段名	字段描述	数据类型
name	姓名	String
sex	性别	String
birthdate	出生时间	Date
age	年龄	String
nation	民族	String
nationalitycode	国籍代码	String
birthplace	出生地	String
school	所在学校	String
maritalstatus	婚姻状况	String
contactinformation	联系方式	String
address	地址	String
cardtype	证件类别	String
cardNO	证件号	String
occupationalcategory	职业类别	String
educationdegree	文化程度	String

表 39　穿戴设备数据集

字段名	描述	数据类型
stepcount	步数	NUM
pace	步频	NUM
distance	距离	NUM
calories	卡路里	NUM
heart rate	心率	NUM
sleep	睡眠状态	NUM
bodytemperature	体温	NUM
ECG recorder	心电测量记录	NUM
bloodsugarlevels	血糖浓度	NUM
bloodpressure	血压	NUM
bloodoxygensaturation	血氧饱和度	NUM
waterquantity	饮水量	NUM

二、主体部分

表 40 体质测试数据集

字段名	描述	数据类型
BMI	体重指数（BMI）	NUM
vitalcapacity	肺活量	NUM
50meterrun	50 米跑	NUM
sittingbodyflexion	坐位体前屈	NUM
standinglongjump	立定跳远	NUM
pullup	引体向上	NUM
1minutesitups	1 分钟仰卧起坐	NUM
1000m/800m	1 000 米跑/800 米跑	NUM

表 41 体检数据集

字段名	描述	数据类型
Inspectiondate	检查(测)日期	Date
healthcheckcode	症状代码（健康检查）	String
height	身高（厘米）	NUM
weight	体重（千克）	NUM
beatsminute	体重指数心率（次/分钟）	NUM
rhythmcategorycode	心律类别代码	String
signcardiac	心脏杂音—标志	String
heartmurmur	心脏杂音—描述	String
systolic	收缩压（mmHg）	NUM
diastolic	舒张压（mmHg）	NUM
fasting	空腹血糖值（mmol/L）	NUM
blood	餐后两小时血糖值（mmol/L）	NUM
glycosylated	糖化血红蛋白值（%）	NUM
physicalResult	体检结果	String

表 42 环境数据集

字段名	描述	数据类型
electromagnetic	电磁场污染指标	NUM
radiation	辐射污染指标	NUM

续表

字段名	描述	数据类型
noise	噪声污染指标	NUM
soil	土壤污染指标	NUM
water	水体污染指标	NUM
airpollution	大气污染指标	NUM
microbialpollution	微生物污染指标	NUM
other biological	其他生物污染指标	NUM

（2）Sink Connector 的实现

Sink Connector 与 Source Connector 相反，是把 Kafka 中的数据导入到其他系统中，比如读取到 hbase、HDFS 等。实现自定义的 Sink 同 Source 类似，需要继承实现 Sink Connector 和 Sink Task 这两个抽象类，并实现或重写抽象类中的方法。本文设计并实现的数据库类型的 Sink Connector 主要是 HBase。其开发实现的时序图如图 38 所示。

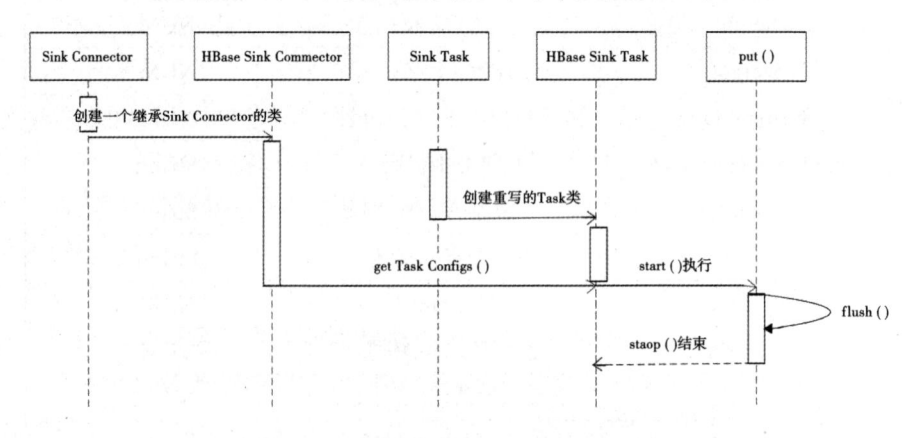

图 38 SinkConnector 开发时序图

SinkTask 和 SourceTask 有共同的生命周期方法，但接口不同，SourceTask 使用 poll 接口，而 SinkTask 使用 put 接口。SinkRecords 基本上包含与源记录相同的信息：Kafka 主题、分区和偏移量以及事件键和值。HBase 数据写入有两种方式,单条数据写入和批量数据写入。由于每次 Put 写入操作都是一次 RPC 通信远程调用，为了避免频繁的网络通信带来的系统开销，在程序中采用批量写入以提高数据传输的速度。将数据整合在一个集合 Collection<SinkRecord> 中分批次写入。

使用多线程异步操作,利用系统的并行提高系统资源的利用率,来提高数据写入速度。

4.3.4 数据分析与风险预测

传统的体育教学更加注重体育项目的更新和教学方法的改进[188][189][190]。然而,伴随着体育教学实践的不断延伸,体育教学和体育运动过程中出现的风险问题逐渐引起相关学者和教学工作者的关注。体育教学风险事关各年龄段学生和运动员的健康安全,加强对体育教学风险的关注应成为体育教学过程中不可忽视的重要环节。相关学者对于风险评估模型的研究主要集中于研究方法和技术创新[191][192][193]。以往的风险评估研究更多关注于相关数据的不稳定性,缺乏对于外部动量冲击所带来的风险问题的考量;对于风险指标的处理也不够完善,更多关注正向指标的标准化问题,而忽略了负向指标的标准化处理,在数据匹配性方面也缺乏一定的适配性。

BPNN(Back Propagation Neural Network)作为风险评估的常用手段,基本结构是模仿人类神经突触,一般设定神经传导包含三个层级,包括接收层、中间层和反馈层。接受层负责接收数据,反馈层负责输出数据,前一层神经通过中间层传递到下一层神经。以 BPNN 作为基础的传导过程,其输出结果施行正向传导,出现 error 时进行反向传导,可以实现有效的模拟训练学习过程。BPNN 较早应用于商业运行之中,通常将输入数据设置为金融机构客户的基础信息(例如存款规模、风险偏好、职业及年龄等),输出数据为该客户在融资后是否能按时还款。因此,金融机构的风险管理部门较多应用该神经,以金融机构大量数据为基础建立风险控制模型,在运营贷款业务过程中,通过输入客户的基础和关键信息,让 BPNN 模型判断是否对其进行放贷。

作为 BPNN 模型的前沿成果,AM-BPNN 模型受到学者们的广泛认可。它对于非线性的大数据回归结果的较好拟合程度,在较大程度上改善了上述提及的技术难题。因此,AM-BPNN 模型可以用来对大数据背景下体育教学过程中出现的风险进行评估。首先,基于体育教学实践过程中总结出的风险点进行维度和指标体系的建立,其次,通过大数据算法对相应数据进行具体匹配,再次,使用主成分分析法对风险指标进行风险等级划分,最后,应用 AM-BPNN 模型对体育教学风险进行评估,并通过海量数据进行模拟仿真,进而达到指导、预测功效[194]。

4.3.4.1 基于大数据的学校体育运动风险指标与预警指标

(1)学校体育运动风险指标

为了验证 AM-BPNN 算法预测体育教学风险的可行性,结合当前已采集到的数据,本项目选择了可穿戴设备与体测数据。这一方面考虑到数据采集的便利性与实效性,能即时预测下一阶段体育教学安全存在的风险;另一方面也能减少其他因素的干扰,提高 AM-BPNN 体育教学风险预警的模拟与训练的效率。由于 AM-BPNN 模型的设定是数据的传输存在中间的隐藏层,所以,在数据输入和输出的过程中涉及两层权重问题,即接收层与中间层的权重 D_i 和中间层与反馈层权重 W_i(如表 43 所示)。

表 43 大数据背景下体育教学风险指标体系及权重构建

数据类型	风险指标		接收层与中间层权重	中间层与反馈层权重
穿戴设备数据	X1	步数	D1	W1
	X2	步频	D2	W2
	X3	距离	D3	W3
	X4	卡路里	D4	W4
	X5	心率	D5	W5
	X6	睡眠状态	D6	W6
	X7	体温	D7	W7
	X8	心电测量记录	D8	W8
	X9	血糖浓度	D9	W9
	X10	血压	D10	W10
	X11	血氧饱和度	D11	W11
	X12	饮水量	D12	W12
体测数据	X13	体重指数(BMI)	D13	W13
	X14	肺活量	D14	W14
	X15	50米跑	D15	W15
	X16	坐位体前屈	D16	W16
	X17	立定跳远	D17	W17

续表

数据类型	风险指标		接收层与中间层权重	中间层与反馈层权重
	X18	引体向上	D18	W18
	X19	1分钟仰卧起坐	D19	W19
	X20	1 000米跑/800米跑	D20	W20

（2）学校体育运动风险预警指标

基于前文论述及研究,结合方差贡献率对体育教学过程中的风险类大数据主因子进行平均加权,即可得到大数据下体育教学风险的预警指标。采用 MAX-MIN 方法区分体育教学风险的临界值,进而将体育教学风险划分为稳定状态、基本稳定状态、临界状态和危险状态四个类别。由于输出变量只能识别"0-1"数值,因此,分别用稳定状态—向量 Q1（1000）、基本稳定状态—向量 Q2（0100）、临界状态—向量 Q3（0010）、危险状态—向量 Q4（0001）表示四种体育教学风险状态,具体描述如表44所示。

表44 大数据背景下体育教学风险状态划分

体育教学风险状态	向量
稳定状态	Q1（1000）
基本稳定状态	Q2（0100）
临界状态	Q3（0010）
危险状态	Q4（0001）

4.3.4.2 AM-BPNN 体育风险模型的建立

AM-BPNN 模型是以多层反馈网络为基础而构建的训练模型,由数据正向传导和误差反向传导两方面构成。正向传播的方向为"接收层—中间层—反馈层",每一层基础单元只干扰下一层单元。若反馈层等不到预想结果,则转向反向传导流程。两个过程交替出现,通过迭代运行,最终形成最小误差,完成信息传输。如图39所示。

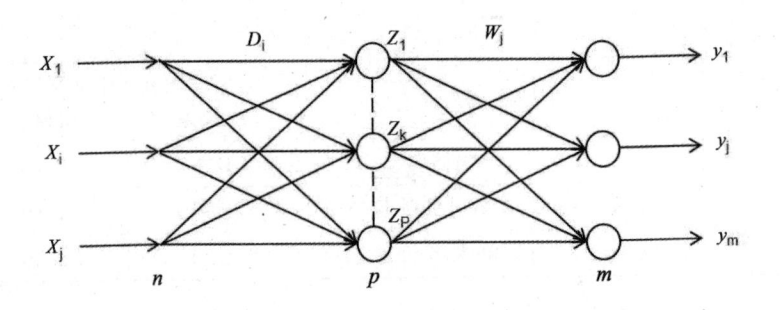

图 39 AM-BPNN 模型的拓扑结构图

设模型的接收层有 m 个节点,中间层有 p 个节点,反馈层有 n 个节点,接收层与中间层之间的权值为 D_{ki},中间层与反馈层之间的权值为 w_j,中间层的传递函数为 f_1,反馈层的传递函数为 f_2,原始数据为 x_i 则中间层节点的输出和反馈层的节点输出分别如公式(1)(2)所示。其中,D_i 采用变异系数法获得,W_{jk} 采用等权重法获得。

$$D_i= \qquad (1)$$

$$w_j=1/j \qquad (2)$$

$$A_k=f_1(\sum D_i x_i)(k=1,\cdots,p) \qquad (3)$$

$$B_j=f_2(\sum W_{jk} A_k)(j=1,\cdots,n) \qquad (4)$$

公式(3)(4)反映了该数据传输过程的正向机制。反向传输时,得到误差传导平方函数,具体函数形式如公式(3)所示。其中,E_j 为期望反馈结果,则总体 p 个样本的误差平方和则如公式(4)所示。

$$R_p=1/2 \sum (E_j-B_j)^2 \qquad (5)$$

$$R=1/2 \sum R_p \qquad (6)$$

在该模型中,网络接收与反馈机制的基础单元数量由向量维数所决定,接收层向量维度即体育教学风险影响因素,反馈层向量维度即体育教学风险表现状态。通过函数设定后,进行迭代计算,最终实现风险评估结果。

根据本项目的要求,在 AM-BPNN 体育教学风险预警模型中,网络的输入与输出神经元数由输入层与输出层的向量维数决定,输入向量维数即体育教学风险的影响因素,输出层向量的维数为风险状态,因此输入层和输出层的神经元分别为 22 与 4,根据 Kolomgorov 定理与试错过程,设隐层神经元个数为 11。由于输入数据与输出向量的元素都在 0 至 1 之间,因此使用 S 型对数函数 logsig 函数作为输入层传递函数、隐层的传递函数设为 s 型正切函数 tansig；学习率设定为 0.01，训练函数设定为 tarainlm 函数，网络训练的最大迭代次数设定为 150 次，将目标误差设定为 0.001。上述编程及实证过程通过 python 3.6.3 与 tensorflow 1.8.0 gpu 版完成，具体代码展示如图 40。

```
1   # 初始化所有变量
2   init = tf.global_variables_initializer()
3
4   correct_prediction =tf.equal (tf.argmax (Y, 1), tf.argmax(final_opt, 1))
5   accuracy = tf.reduce_mean(tf.cast(correct_prediction, 'float'))
6
7   # 创建会话
8   sess = tf.Session ()
9   # 运行初始化
10  sess.run (init)
11  # 开始迭代
12  for i in range (training_iterations) :
13      # 取batch
14      batch = mnist.train.next_batch (batch_size)
15      # 获取输入以及标签
16      batch_input = batch[0]
17      batch_labels = batch[1]
18      # 运行,将batch_input传给X, batch_labels传给Y
19      training_loss = sess.run ([opt, loss],
20              feed_dict = {X: batch_input, Y: batch_labels})
21      if i % 1000 == 0 :
22          train_accuracy = sess.run(accuracy,
23              feed_dict = {X: mnist.test.images[:], Y: mnist.test.labels[:], K:0.8})
24          print ("step : %d, training accuracy = %g " % (i, train_accuracy))
```

图 40　代码示意图

4.3.4.3 AM-BPNN 体育教学风险预警的模拟与训练

在使用 AM-BPNN 模型进行体育教学风险评估时，可使用大数据进行模拟和训练。即选取某一时间段的体育教学大数据样本作为模拟与训练的接收元神经，通过已有数据运算来预测下一时间点的体育教学风险可能性。训练过程可通过 Sim 函数进行模拟和训练，最终形成模拟训练及收敛图。根据模拟训练及收敛图的结果判断神经网络反馈层的输出结果与训练目标之间的 error 值，当 error 值很小时，说明经过模拟、训练后的模型能够较好地实现对体育教学过程中风险的仿真程度。

根据建立的 AM-BPNN 系统性体育教学风险预警模型，本项目使用中国人民大学历史采集到的穿戴设备数据与体测数据进行网络学习与训练,将样本作为训练集的输入神经元,使用最新的数据和信息来预测下一阶段体育教学的风险状态,训练过程主要通过 Python 3.6.3 语言进行仿真学习与训练。网络学习过程及收敛结果如图 41 所示。

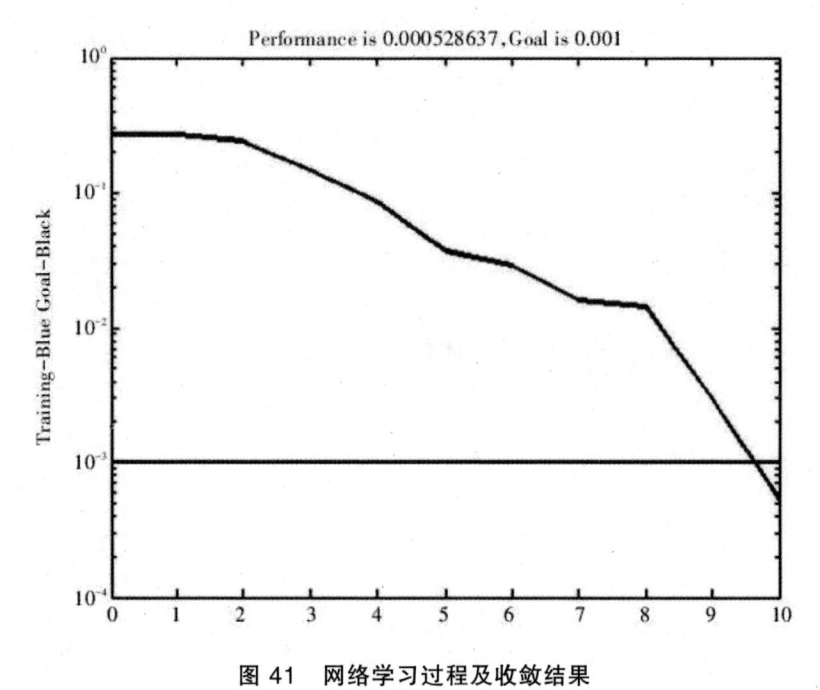

图 41 网络学习过程及收敛结果

根据训练结果可知,经过对历史数据进行网络学习和训练,神经网络输出层与训练目标之间的误差仅为 $5.28637*10-$,可见经过网络训练后的 AM-BPNN 模型能够较好地反映风险指标与体育教学风险状态之间的映射关系,因此这也验证了基于 AM-BPNN 算法构建体育教学风险预警模型是可行的。

4.3.5 体育健康大数据中心研究成果的转化

在前期调研的基础上,为验证体育健康大数据中心的理论成果,课题组尝试在中国人民大学建立体质健康评估中心。该中心并非一个实体化的建构,目前仍然属于大数据平台性质的设置,建立该中心的主旨在于,探索体育健康大数据中心建设和运行的模式,以大数据管理为手段为体育教学和整个学校体育的运动风险监控赋能增值。

二、主体部分

体育健康大数据中心建设获得了社会资源的支持,除对学生的运动参与和运动风险的调研外,中心也配合学校和体育部完成学生体质测试、身体成分测试、骨密度测试、脊柱测试、心血管功能测试、亚健康评估、心肺功能评估等方面的测试实践。同时,大数据中心可以使用学校为体育部配备的团队心率监控系统,在进行集体训练过程中进行全程运动强度监控。大数据中心的体能训练测试可以使用学校为体育部配套的有氧训练区、固定力量训练区、自由力量训练区,这些区域能容纳80人同步开展器械训练。综合训练区由标准篮球场改造,可以容纳200人以上同时开展健身操等课程训练。课题组根据在大数据方面的已有研究成果,协助体育部建立完整的校园健康数据管理方案,包括与健康适能测试数据、体质测试数据、体检数据、问卷调查数据等相关信息的对接方案。目前,信息平台建设工作已初步完成。中心数据库架构如下图所示。

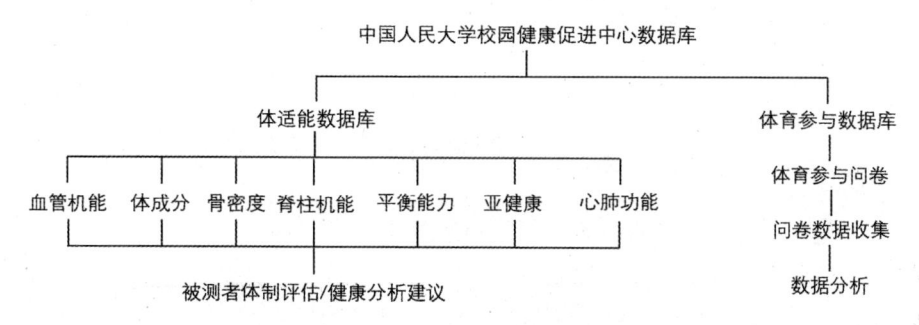

图42 中心数据库架构图

本中心数据库主要分为两大部分:体适能数据库和体育参与数据库。体适能数据库主要承担健康体适能评测预约、测试数据记录两大功能。被测学生或教师可通过手机用户端进行测试名额的查看和预约操作。其中,新用户需要先注册,已有账号用户可以直接登录。登录成功后,可以查看测试的预约时间段及对应时间段剩余的可检测名额。选中可选时间段后,点击提交按钮,系统显示成功后,即成功预约对应时间的体适能检测。用户可在预约时间前往指定地点参与检测。系统登录及预约界面如下图所示。

图 43　系统登录界面示意图

图 44　预约时间段及名额查看界面

二、主体部分

图 45　预约成功界面

系统收集用户的检测预约时间数据后形成数据库。课题组研究人员登录系统后台,根据预约详情进行测评的组织和管理。因为体适能测试涵盖了师生身体健康多个方面,所以在数据库设计过程中充分考虑了数据分类的明确性。体适能数据库分为血管机能、体成分、骨密度、脊柱机能、平衡能力、亚健康、心肺功能七大部分。每一部分数据对应特定的检测及测试项目。(数据库的具体设计见附件)系统不仅有数据的记录、收集、留存功能,更可为被测者提供个性化的体质提升建议和指导。血管机能管理部分主要包含被测者血液舒张压及收缩压、身体各个部分血管弹性、血管阻塞程度等数据。系统将被测者数据与同龄人进行比较,给出相对百分比,并据此给出评价。

身体成分管理部分主要包含被测者身体各项指标,如血液成分、机体含水量、脂肪含量、肌肉量、推定骨量、内脏脂肪含量、代谢水平、肢体肌肉量等。系统根据被测者基本数据自动推算目标体重、脂肪等级评价、身体成分综合评分等内容。

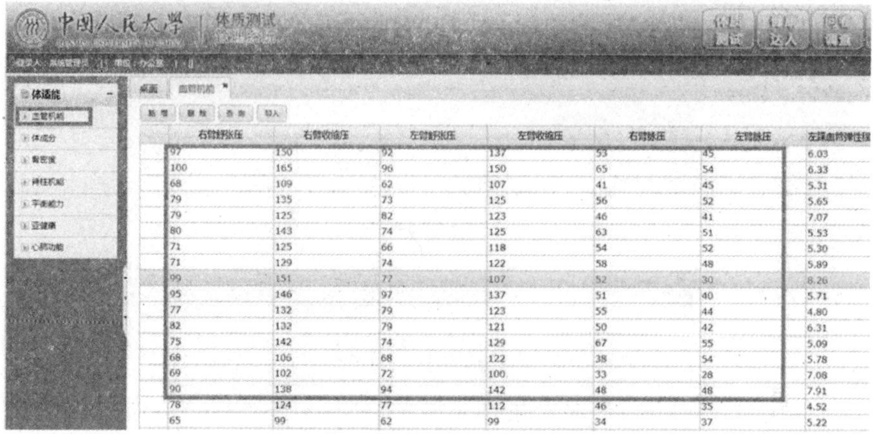

图 46 血管机能管理数据库界面

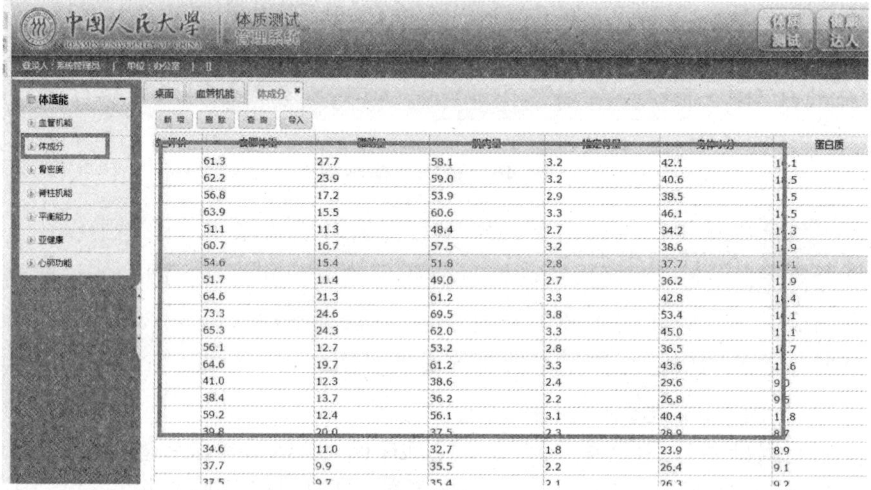

图 47 体成分管理数据库界面

骨密度管理部分主要包含被测者骨密度 T 值、Z 值、超声速度、宽带超声衰减等基本指标。系统还将被测者骨密度各个数值与同龄人数据相比较,推算被测者骨强度指数,进行被测者骨折风险分析。

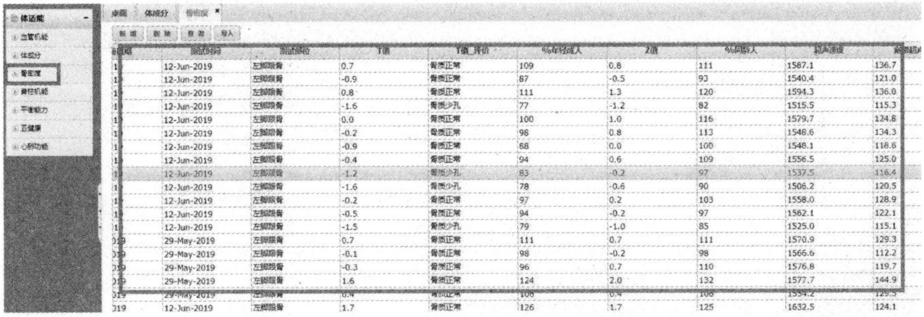

二、主体部分

图 48　骨密度数据库界面

脊柱机能部分主要包含被测者脊柱姿势、柔韧性、稳定性情况、直立位及前屈位胸椎、腰椎、骶骨曲度等数据。系统根据这些数据给出被测者脊柱综合评分,并对腰部疼痛综合症风险进行评估。

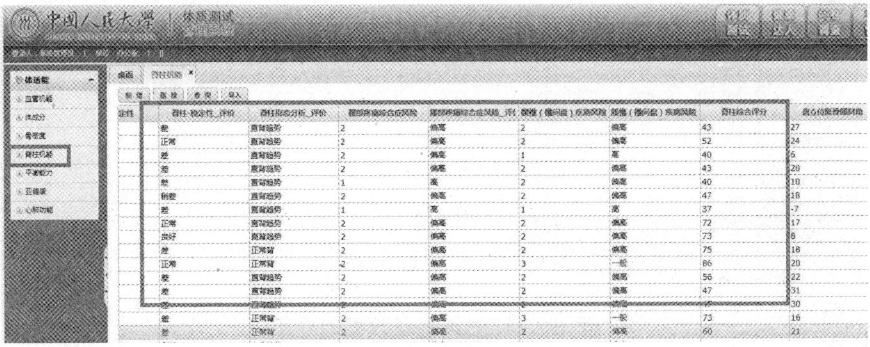

图 49　脊柱机能数据库界面

平衡能力管理部分主要包含被测者视觉调节系数、平衡稳定系数、本体感觉系数、重心偏移幅度、平衡指数、单双足睁闭眼平衡测试数据、跌倒次数等专业平衡能力数据。系统根据数据对被测者平衡稳定性、本体感觉性、重心偏移幅度进行评价。

亚健康管理部分主要包含被测者身体各个器官数据,如大脑、小脑、脊柱、五官、心脏、肾脏、肠胃、四肢等。系统根据被测数据对器官情况给出评价。在此基础之上,系统还包含常见被测者亚健康症状测评数据,如睡眠质量、脑力疲劳状况、焦虑不安程度、消化及食欲情况、颈肩不适情况等等。特别是其中的颈肩腰腹不适、脑力疲劳、焦虑等项目,根据高校师生常见健康症状制定,贴合实际测试需求。最后,系统根据数据给出被测者亚健康情况综合评分,并根据评分情况给出分析和评价。

图 50 平衡能力管理数据库界面

图 51 亚健康管理数据库界面

心肺功能管理部分主要包含被测者身高、体重、心脏功能、最大摄氧量的绝对值和相对值等信息，并根据被测者情况给出分析及评价。

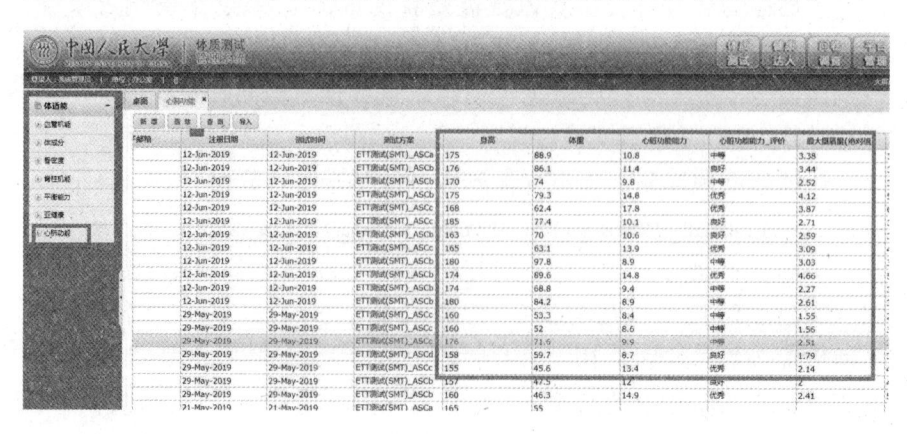

图 52 心肺功能管理数据库界面

二、主体部分

大数据中心数据库的第二大部分为体育参与数据库。该数据库主要利用移动互联网技术,对学生的体育参与和运动风险认知情况进行管理,在参加体质测试预约和查看体质测试成绩的环节中,嵌入该同学的体育参与和风险认知的管理,只有回答有效的问题后,才能进行体测预约和成绩查看。

体育参与数据库中主要包含被测者参与体育的次数、运动时间、对体育运动项目的偏好、在运动上产生的花销等信息,还包括被测者对体育常识性知识、风险预防性知识的了解情况及知识获取方式等信息。另外,也包括被测者身边的体育运动参与及知识获取环境、体育运动参与对其影响、对体测成绩的自我评价等偏向主观性的信息。所得数据不仅仅对本校学生体育参与情况进行监测,以便对健康不良学生的体育参与进行干预,同时,也为学生体育参与相关的科学研究提供数据支持。学生体育参与状况调查问卷如下图所示。

系统收集学生问卷数据后,中心工作人员可在 PC 端进行体育参与数据的管理与分析。系统管理界面如下图所示。

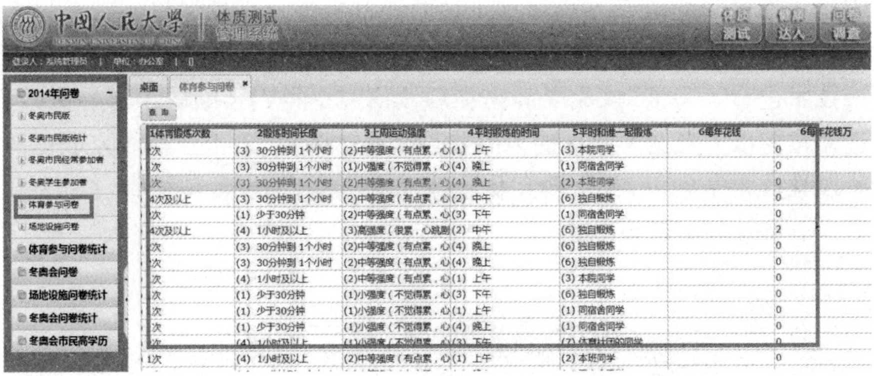

图 53　系统管理界面

数据成功收集后,可利用数据库对数据进行分析和处理,包括各个选项所占比重、不同身份特征者参与偏好等数据。

综上所示,体育健康大数据中心的部分研究成果以及运动风险评估和预警模式已在中国人民大学体质健康评估中心得以实现。虽然资源有限,但是通过不懈努力,这些成果运用已经初见成效,基本能够满足健康评估和风险预警的需求。

5. 对策与建议

5.1 研究缺陷与改进建议

本研究在理论研究的基础上建构高校体育教学运动风险指标框架，立足于我国高校体育的实践和前期研究经验编制"高校体育运动风险因素量表"，通过实证调查方法收集数据，运用 IPA 方法对调查结果进行统计分析，经过对高校体育运动风险的评估，对高校运动风险进行了结构梳理和层次建构，为风险应对和风险管理提供了数据支撑和方向引领。在此基础上，本研究对高校体育健康大数据中心的建设以及运动风险的系统化监管进行了开创性探索。

但由于研究资源和其他客观条件限制，本研究存在的不足如下：一是受制于时间、成本和调查形式等因素的影响，实证调查样本不包括中小学生，研究成果尚不足以涵盖整个学校体育范畴，希冀在后续的研究中以更加科学的研究方法和理论视角展开更进一步的讨论。二是出于研究资源的限制，本课题只对体育健康大数据中心建设过程中涉及的关键技术进行了验证，该成果尚需在后续研究中得到不断的丰富和完善，进而建构以大数据为基础的风险防控体系。最后，希望在本研究取得的阶段性成果基础上，吸引多元化主体加大资源投入，促使体育健康大数据中心设计方案全面落地。

5.2 高校运动风险防控的对策

5.2.1 建立防控机制的思路与路径

基于以上对学生体育教学运动安全风险识别与评估、数据平台建设路径的探讨，建立从风险识别到风险评估，再到风险应对，最后建立通过效果评估进行风险监管反馈的风险防控机制模型。如图 54 所示。

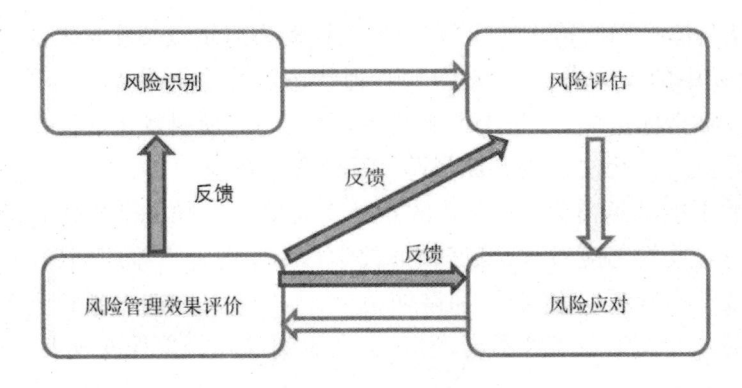

图 54　学生体育安全风险防控机制模型图

风险识别是指通过长周期的数据采集与监测,运用安全预警模型及其他工具,准确地识别潜在风险和风险源;风险评估是指对识别出来的风险因素,结合专家经验与安全预警模型,进行评估与测量;风险应对是指对学生身体状态进行实时评估,为不同人群提供个性化教学,为老师安排和调节体育教学过程中的运动量和强度提供准确的指导;效果评价是指对选用的技术、手段进行效果评价,将问题识别、评估与应对过程进行反复优化。

5.2.2 强化体育教学风险识别与评估的对策

在建构体育教学运动风险指标体系的基础上,设计调查问卷进行实证调查获取第一手数据,基于 IPA 方法以横纵坐标轴模型构建了高校体育运动风险评估的"严重性—可能性矩阵",上述研究直观展现了教师和学生对当前体育课风险可能性和严重性的真实境况。

5.2.2.1 系统甄别高校体育教学运动风险结构

通过应用 IPA 方法对高校学校体育进行运动风险评估,可以看到,高校体育的运动风险的结构框架大致是:运动风险的主要来源和风险伤害指向为"学生"群体,也就是,学生自身风险是运动风险防范和风险管理的核心对象,与学生相关的风险监管选项的优先级应该放在首要位置加以重点考虑;"场地器材"等体育设施与课堂环境存在发生概率较高的风险隐患,其风险监管策略应置于常规监管的序列。与"教师"和"应对措施"相关的风险问题较小,但仍需要建立合理有效的预防机制。

从具体指标所指代的问题来看,在运动中应重点关注学生的身体状况、运动中的行为方式、运动中的心理状态及其变化等状况。其他几个运动风险指标包括"学生上课服装不符合要求"所引发运动损伤、"学生知识经验不足无法识别判断风险"所包含的风险隐患、"器材装备数量和种类不能满足需要"所导致的意外伤害等。教师是学校体育的组织者和风险监控与应对者,虽然教师教学行为中的课堂组织问题、运动特长与教学内容不匹配问题、风险防范的意识、方法和能力不符合要求等风险问题的发生可能性不高,但一旦发生则风险严重程度较大,仍应引起足够警惕。

基于不同学校类型的讨论结果显示,与"学生"有关的风险因素无论在985/211高校还是普通高职院校都是风险防范与管理中的重点。除此之外,985或211高校还应该在风险隐患的应对措施方面加大管理力度,而普通或高职院校还应该关注教师和场地器材相关的风险隐患。从具体指标来看,除了全样本中提到的需重点管理的风险因素,985或211高校还需防范"学生注意力不集中"可能导致的身体失衡,这一风险因素具有相对较高的风险发生可能性和隐患严重性;对于普通或高职院校,"学生因惊吓做出不当选择",以及教师的操作环节和对器材的使用方式也是需要加以重视的风险因素。

基于不同身份类型的数据分析表明,在教师群体和学生群体的风险认知中,"学生""教师""场地器材"和"应对措施"在风险管理层级中应处的位置与全样本结果一致。但数值差异在于,教师对于各维度风险因素的发生可能性的评分更高,而学生对于各维度风险因素的隐患严重程度的打分更高。这与教师和学生群体分别在风险防范与管理中的角色有关。作为风险管理的第一负责人,教师群体所具有的职业敏感性和教学经历的丰富性使得他们倾向于对各类风险因素保持警惕,但与此同时对其严重性也存在一定的轻视心理;而学生群体作为风险管理的核心对象,对各类风险的严重后果有着较为切身的体会。

5.2.2.2 基于科学评估基础的风险防控对策

在应用 IPA 方法对学校体育运动风险开展评估,并通过实地调研和专家访谈进行补充的基础上,提出如下风险防控对策。

首先,建议根据评估结果中不同风险维度的优先级有针对性地制订学校体育运动风险监管方案,对于严重且易发性较高的运动风险进行优先、重点防控,以提高风险防控的指向性和效率;对于严重程度高但发生可能性较低的风险因素进行常规性监控,做好充分应对的准备;对于严重程度低且易发性低的因素也需要做好定期评估。

其次,针对风险问题对教师进行专门的培训,提高教师的体医结合素养,加强教师的风险预判意识及风险管理水平,确保在遇到紧急情况时教师可以采取恰当的措施进行应对,减少风险损失。

再次,针对"学生知识经验不足"的问题,应该健全学生运动风险学习评价体系,确保运动风险防控要贯穿学业始终。保证学生每学期至少参与一次运动风险防范的专门讲座,以了解相关风险知识及其应对措施,在防范风险的同时使学生掌握这门终身受益的技能;在日常的体育教学中,严格要求学生做足准备活动、上课服装及器材使用符合规范等。

另外,针对"场地器材"问题,相关部门应该形成定期巡检制度,责任到人;同时,从学校层面也应该加大对相关器材设备购买的投入,尽可能地保证器材装备的数量和多样性,并定期检查器材装备或场地设施中是否存在明显不安全因素,确保不因为器材装备问题出现风险事件。

最后,针对疫情、恶劣天气等突发状况,要形成清晰的应急预案,从管理制度和方法层面提高风险应对的效率。此外,考虑到不同类型的学校在风险认知和评估中可能存在的差异,各学校应根据实际情况制定更切实的风险管理措施。

5.2.3 学校体育运动风险监管体系建构策略

5.2.3.1 运动风险防控机制建设的原则

相关研究表明,运动风险具有可规避性、可转移性、可缓解性和可接受性这四大特征[195][196],前期研究成果获得的认知为学校体育风险监管奠定了原则性理论基础。由于学校体育教学运动风险具有可变性、难以预测性和抗风险能力个体差异等特征,具体风险监管对策还应根据具体情况,多策略组合加以应对。

(1)运动安全风险规避原则

风险规避是不愿意承担或不愿继续承担已有的风险,包括前期回避和中途放弃两种方式,但前提是需要承担或者继续承担风险的成本超过因为规避所产生的成本。

风险规避是应对风险的有力措施之一。风险管理者需要采取这种办法明确风险不可能发生、不用承担潜在风险造成的损失,所以风险规避是比较彻底、主动应对风险的方法。可以用在如下三种情况。

①风险发生很频繁、损失很大的风险。

②风险发生次数较少,但是破坏力比较大,损害严重且难以补偿。

③此方式应对风险的成本低于其他方式应对风险的成本。风险与机会是并存的,风险规避不能运用在正在进行的体育教学运动中,不能规避难以避免的风险,如自然灾害、恶劣天气等。

(2)运动风险转移原则

在风险已经存在的情况下,通过风险转移将风险可能造成的损失或责任转移到其他地方,重点是降低风险发生的概率,从而达到减少、控制、消除风险损失的目的,让自身免受损失[197]。将风险转移原则运用到学生体育教学运动安全风险方面,具体措施可以划分为保险和非保险两方面。

①保险风险转移。学校体育伤害事故保险是风险转移的重要方式之一,当学生在体育教学活动范围内受到运动损伤,可以根据学校保险得到一定的补偿。但是保险转移需要被保险人事先向学校、医疗合作机构、保险公司等保险人支付一定的费用。学生体育教学运动具有涉及面广、防控风险持续性、运行周期长等特点,潜在的风险因素很多,所以采取保险方法,通过收取相关保险费用以获取抵抗风险时的补偿,不失为一种较好的损失保障行为。但是保险服务也有自身缺陷,不是所有风险都可以通过保险转移,还需要具备一些重要条件:首先,保的是纯粹风险;其次,当保险公司拥有的客户群较大并且存在同质风险的状况下,才能精确预测风险概率和损失程度;再次,由于损失的发生是不确定事件,所以一定发生或者一定不会发生的风险因素都无法参与保险;最后,虽然损失的发生难以确定,但是其后果具有可预测性,能够通过长期观察测算出损失的原因及其程度,从而确定保险费用。综上,根据学生体育教学运动的特点,可以对体育教学需要用到的场馆、器材设备等在体育教学运行阶段发生的损毁进行投保,同时可以对参加学校体育教学活动的学生、体育教师等群体投保人身伤害险。此外,体育教师、场馆管理人员等对体育教学过程中馆内学生和财产责任投保责任险。保险种类繁多,无论采取何种保险或者是否需要采用保险等,还应该根据现

实情况做出决定。

②非保险风险转移。非保险风险转移主要是指风险管理者将运动风险造成的责任转移给非保险业的组织或个人承担的一种风险应对措施[198]。非保险风险转移同样需要满足以下条件：首先，合作双方签订合同，使得转移责任是合法有效的；其次，接受责任转移的一方需要具备强大的抗风险能力；最后，风险管理者必须支付给风险承担者相应的经济费用。转移风险和签订转移风险合同是非保险风险转移的两种方式。转移风险是指将财产或活动权力转给他人，例如，可以将学生体育教学运动安全的工作分为多个部分：运动场馆环境可以分配给学校物业管理公司，器材设备的安装与维护可以转移给相应的供应商进行管理。此外，还可以通过签订转移风险合同以及免责条款来转移风险。例如学生自行承担一部分体育教学运动所发生的风险，当学生在合同上签字，代表其已经阅读了转移风险须知并愿意接受，从而达到风险转移。无论采取哪种风险转移方式，都必须立足在风险分析的基础上，同时要安排好风险转移对象，衡量其是否具备抗击风险的能力，尽可能最大限度降低风险量。非保险风险转移属于一种比较灵活的风险转移方式，在学生体育教学运动安全方面，需要更加灵活运用合同条件和语言达到风险转移的目标。

（3）运动风险缓解原则

学生体育运动安全风险缓解就是指风险管理者需要采取措施降低体育教学运行过程中的风险发生概率或降低其损失，达到风险管理者能够接受的程度。风险缓解虽然不能消除和避免风险因素，只能起到减轻作用，但是在某些情况下却能够起到比风险规避和风险转移更好的效果。例如，学生体育教学活动是已经安排好的课程，但是在实际教学过程中因为诸多风险因素难以如期举行，学校就需要在现有的资源流动范围内调整课程时间安排来缓解风险，或者改变教学环境，增加抗风险的资源供应。越早采用风险缓解措施其效果越好，但是风险缓解策略的使用前提是明确这种方法是否能够达到目标，将风险发生概率降到可接受的范围。学生体育教学运动安全风险缓解有两种具体方式[199]。

①降低风险发生的可能性。降低风险发生的可能性是应对风险的重要方式，高校风险管理人员需要采取相应措施降低风险发生。如通过健康信息平台掌握学生体质健康状态并根据学生体质定制不同的运动方案。还有在开始体育教学课程前进行理论测试，对学生课程预习结果

及其运动风险知识进行量化评分,掌握学生目前的运动风险防控技能水平。此外,还要让学生明确体育运动之前的注意事项,如不能熬夜、穿戴运动服装等,最大程度从源头防止风险产生。

②控制风险产生的损失。运动风险的发生不为人的主观意志所转移,风险管理人员要限制已经存在的风险扩散速度、风险严重程度等,采取多种措施抑制风险损失。对于无法避免的风险,高校风险管理人员在提前备好抗风险预案的同时,也可以适量增加风险共同承担人员分散风险,从而更好地保障善后工作的完成。

(4)运动风险自留原则

风险自留又称为风险接受,属于风险应对中的常用策略,主要是高校风险管理人员利用经济技术实现转移、控制风险。面对体育教学运动安全风险带来的后果,特别是针对体育教学活动过程中的风险处理,高校风险管理组织要自行承担。对于造成的损失不是很严重,风险防控策略难以覆盖的范围,风险防控策略时遗漏的部分,或者资金支持不足等问题,高校风险管理人员可以采取风险自留的方式进行处理,依靠资金进行补偿,其前提是需要准备充足的资金。风险自留与其他风险防控策略有很大不同。

第一,风险自留是不控制风险发展,不采取措施避免风险,而是做好承担风险损失的准备,这与风险规避策略不同。

第二,区别于风险转移,风险自留是将损失留给自己承担,不采取专门的办法进行风险预防和控制,但是对于难以保险或者保险的除外责任,风险自留属于被迫采取的措施。

第三,风险自留与风险缓解存在不同,与其相比,风险自留不采取预防、控制风险的措施,主要分为主动和被动两种行为。

①主动风险自留是在充分识别体育教学运动安全风险发生的概率及其损失,并且在风险管理人员认真权衡各种风险应对策略的基础上分析了自身抗风险能力,选择主动将风险自留作为应对方案。主动风险自留是一种积极的应对风险方式,是在体育教学活动前就已经识别出即将到来的风险并做好风险评估,对比其他风险应对方式后做出的主动选择。但是如果实际的体育教学运动风险超出预估的风险后果,出现自身能力难以承载风险损失的情况,会导致高校面临风险防控失败的局面,危机学生安全。

②被动风险自留。当高校风险管理人员尚未意识到学生体育教学

运动过程中所面临的风险,即对存在的风险没能做好评估和应对措施,导致风险一旦发生,高校就需要承担巨大的风险损失。被动风险自留难以达到控制风险目标,极易造成严重不良后果,显然是不可取的方式。

5.2.3.2 系统性优化体育风险监管内容的对策

学校体育教学的运动风险监管是学校体育整体性运动风险监管的核心,学校通过体育场所规划、资源协调、多元主体合作等方式为学生体育教学运动安全提供整体性的强力保障和服务。根据上文建构的体育教学风险指标体系和大数据中心平台的指标结构,将运动风险监管内容分为参与主体、教学环境、教学管理三个部分。这三个部分各自运作又相互结合,共同构成了学校体育运动风险的监管体系。

随着高校体育运动的蓬勃发展,学生体育运动安全风险的隐患越来越多,必须要面对学生体育运动过程中实际存在的风险难题,消除环境不确定性及其变化,控制潜在风险来源,减轻风险对学生带来的不良影响。学生体育教学运动过程管理是一项体系化任务,要采取科学合理的体育教学运动安全风险防控管理,坚守体育教学运动的目标及其行动策划方案,使得高校内学生体育教学运动能够在安全有序、协调一致、彼此配合的环境里进行,避免不必要的损失发生。

(1)参与主体风险监管

①高校教师的风险监管内容

高校体育教学运动安全风险防控仅仅依赖风险管理人员是不足够的,需要多主体参与协同防控风险,其中高校教师在体育教学运动安全风险中要承担重要角色[200]。

首先,高校教师要树立正确的体育教学指导思想和风险防控意识。建议给教师普及运动安全知识,提高参与主体的安全意识。教师要在树立"安全第一"的教育理念、打造良好的教学氛围、注重学生主导地位的同时做好安全指导。

其次,体育教师在教学运行过程中全方位贯彻落实安全和运动风险防控的要求。高校教师需要在课前了解学生的具体情况,根据学生的实际情况设计教学方案,并且检查教学场地设施、器材设备安全无损失。在课上为不同体质的学生安排合适强度的课程内容,课后要针对课程情况进行反思。教师要与学生相互配合,在体育教学运动课程开展前对运动风险预案有充分的学习和掌握,特别是对于风险因素居多、风险事件频发的运动伤害事故进行模拟练习,教育学生识别风险、评估风险,做到自如应对。体育教学本身存在一定风险的活动,教师需在体育授课时充分考虑学生体质、运动能力和心理情绪,选择适宜强度和难度的体育运动。教师强大的抗风险心理素质也很重要。在体育教学运动过程中,教师要以幽默清晰的言语、轻松愉悦的心理去剖析风险,尊重学生的问题,和学生交流合作,提升学生的学习兴趣,提高学生运动安全意识,从而达到有效教学的目标。

最后,强化高校教师责任感,提升教师运动损伤应急的技能。在体育教学过程中,教师责任心不强、自身教学技能不足、课程监督不到位等原因导致的体育伤害事故屡见不鲜,所以强化教师责任心和专业性应对技能十分重要。

②学生的风险监管内容

体育教学活动作为师生间的双向活动,在教师的主导作用之外,学生也需要积极参与到体育教学运动安全风险防控中来[201]。

首先,加强学生自身的安全教育。问卷调查结果表明,学生自身的运动安全意识淡薄、纪律遵从缺乏和安全教育不足是造成体育教学风险的原因之一。建议学生系统地学习体育运动和科学训练等相关理论知识、熟读运动安全宣传手册、认真遵守运动风险防控规章。还可以通过学校广播、微信平台等途径引导学生积极学习运动风险防范知识,或是推动学生积极参加安全知识讲座或竞赛来提升他们的运动安全意识和运动损伤应对技能水平。

其次,提升抵御风险的能力。学生应保证自己在身体状态良好的情况下进行体育运动,并且在体育教学运动开始前做好准备活动,让神经系统和内脏器官充分动员起来。在运动中如若发现身体已经出现疲劳,学生应立刻与老师进行沟通,进行休息或放松,遵守体育运动循序渐进和因人而异的规则,做好自身防护。

最后,注重培养自身的体育道德。学生错误的体育教学运动安全风险认知极易造成风险事件。强身健体只是体育教学运动的基础作用,还需要注重自身体育道德认知的培养。在体育教学运动中,不可避免会举办一些体育比赛,学生胜负欲望过强就会导致体育行为过激,因此需要培养学生正确的体育道德观,如通过观看体育伦理主题的影视作品、举办主题教育活动等激发学生体育道德认知。

（2）教学环境风险监管

①做好各类疫情防控预案

以新冠肺炎疫情为例，新冠肺炎疫情的突发使得体育教学运动安全风险因素增多，虽然当前疫情防控措施积极有效，但还不能掉以轻心，疫情防控预案应做足充分设计：第一，做好师生的健康监测。例如，实施师生每日位置打卡制度、实施进出校审核报备制度等等。第二，做好体育场馆、教学场所、住宿场所的环境卫生、消杀通风工作。做到每节课换气通风，每天定时消杀，确保教学住宿场所的安全。第三，做好突发情况应急预案。例如，线上教学预案、临时封校预案等。第四，定期开展疫情防控知识讲座，加强病毒防护等健康知识的普及，坚持以人为本，安全至上，健康第一。第五，遵循学生身心健康发展规律，制订体育课程计划，通过精讲多练、科学有效的手段增强学生体质。线下体育教学运动要尽量减少身体接触性、器材传递性的体育教学，课堂教学运动量也不宜过大，应该选择中等及以下运动强度的课堂教学，避免出汗过多和运动损伤。疫情防控和体育教学运动安全风险防控要"两手抓"，进行科学研判，扎实做好疫情防控期间的校园体育活动。

②体育场馆设施监察常态化

高校学生的体育教学物化环境大致可以分为室外和室内两种方式，两者都离不开体育场馆的安全设施保障[202]。具体而言可实施以下措施：第一，实施管理人员培训、轮岗制度。首先，需要对体育场馆管理人员实施定期培训和考核，以确保其业务水平；其次，体育场馆管理人员需要实行值班制度并安排人员轮班接替，确保体育场馆设备全天24小时正常运行，尤其要注意体育场馆体育器材风险。第二，实施体育器材的定期检查和维修制度，每日打卡报备，责任到人。体育器材破旧、设计不合理、安装不妥当等都是造成体育教学风险的来源。体育场馆管理人员需要在高校体育教学运动期间，每天对器材设备、场地等进行系统的检查。第三，制作体育场馆设施操作规范手册。例如，在学生进入体育场馆设施前，管理人员要提前开启照明，清理场地；在体育场馆报告栏处张贴后勤服务热线、值班人员联系方式等重要信息，一旦面临风险情况可以紧急通知体育场馆管理人员进行维护；对于体育场馆的固定建筑，如门、窗等，还有一些临时建筑，如围栏、危险标识等设施，都必须要做好检查，维护好场馆秩序，发现风险因素要及时解决。第四，配备专业保洁人员，除对体育场馆外的区域定期进行保洁、垃圾拾捡外，也要做好场馆内部的比赛场地、卫生间等的清洁服务,及时处理好垃圾杂物,保证师生有一个干净整洁的体育运动环境。

③应对恶劣天气的管理制度与机制

在体育教学运动中,天气属于不可控的风险因素[203]。要加强刮风、下雨、雾霾、雷击等恶劣天气情况下的体育教学安全防控预监管,变被动为主动,科学合理地安排体育教学活动,保证教学计划顺利执行。第一,设立天气管理专员,收集天气信息,进行恶劣天气预警,防范极端天气带来的教学风险。第二,建立恶劣天气体育课程管理制度和应急方案,详细规定沙尘暴、大风、雨雪等恶劣天气出现时的应对措施。

(3)教学管理风险监管

①制定强有力的后勤管理体系

第一,建立定期检查制度。学校需要对使用的体育器材进行定期检查,对于存在破损的器材要及时做好记录,及时维修,按照体育场馆、器材的使用规范使用。第二,基于实地情况建立体育安全制度、学生健康安全制度,做到因地制宜。高校要及早掌握学生的身体健康状况并合理安排体育教学内容,清除容易造成学生伤害的障碍物,在体育运动中做好必备的医疗救护措施。第三,完善体育课程教学设计,由学校组织专家设计统一的风险防控预案。教师和学校需要遵守课程标准进行内容策划,并且要适应学生身心发展特点,从教学设计、场地设施、器材安全到课堂组织、课程内容安排以及课后反思都需要强有力的后勤保障体系,让学生在安全的管理体系下参与体育运动。

②制定严密的安全管理措施

第一,采取专家讲座、专业课程传授等方式对师生进行定期的风险安全培训,加强风险防范意识、普及风险应对知识、提高风险处置技能。第二,明晰风险责任主体,积极使用保险等风险转移工具,在充分分散风险的同时,将风险损失降低到最低程度。高校体育教学运动的安全防范任务十分艰巨,需要共同合作,明确每位主体的责任和义务,对风险进行转移消除,对于潜在的难以消除的风险要积极做好应对准备,提前预防。同时,积极宣传学校体育保险,鼓励学生购买体育伤害事故保险,最大程度降低风险压力。第三,完善相关的规则规定,高校风险管理人员需要结合体育场馆管理的实际情况,制订有效的体育教学运动安全风险防范方案和相关应急预案,制订的方案要根据环境的变化、风险因素的变化等不断进行调整,注重操作性和实用性,并且能够根据体育教学运动所处的环境或学生面对的不同风险因素提出针对性的具体措施。

5.2.3.3 优化风险防控效果评价与程序的对策

（1）运动风险监控的效果评价

学生体育教学运动安全风险效果评价作为风险体系中的重要组成部分，从计划到决策再到效果评价是一个循环过程。随着学生体育教学运动不断深入开展，风险因素也在不断发生变化。对风险因素的判断是否客观，需要在实际运行过程中进行评价和反馈，以便及时发现问题并修正方案，降低风险发生的可能性。当然，尽管采取了有力的风险应对措施，但是在实际过程中仍然会存在难以识别或者遗漏的风险，因此，对风险监管进行重新识别、评价，对风险管理方案进行反复检验和动态监控就显得非常必要。

学生体育教学运动安全风险效果评价是对整个风险识别、评估、应对过程进行效果评价，确保能够实现高校风险管理的既定目标。风险监控作为风险效果评价的有效手段，具体可分为风险监视与风险控制两个方面，两者经常会交替发生，需要综合研究[204]。风险监视是观察和把握风险应对过程中采取的措施，检验风险策略实施效果的有效性；而风险控制是在风险监视基础上时刻掌握风险管理体系运行情况，并对发生的变化进行及时完善。

高校运动风险管理人员在学生体育教学运动安全风险防控的过程中要把握两个问题，即何时进行风险监控和如何进行风险监控，并对风险监控的阶段进行明确划分。在决策阶段，要将即将承担的风险、能获取的收益和因为承担风险带来的损失进行比较，分析利益得失进而判断是否继续[205]；在实施阶段，发现风险会严重威胁学生体育教学运动安全时，必须采取风险应对策略并进行监控。

（2）风险监控的程序安排

运动风险贯穿于体育课堂始终，并不断变化，所以，风险监控并非凭空想象的，应符合科学性、有效性、持续性的特征，是一个科学严谨的过程。

从监管内容来看，学生运动安全风险监控可以分为以下六大方面[206]。

①学生体育运动安全风险管理是否按照预先防控方案执行。

②学生体育运动安全风险应对措施有无及时检查修正。

③是否对已经掌握的风险因素进行逐一分析,了解风险发生机制。

④判断学生体育教学运动期间的环境变化和风险防控目标达成的可能性是否准确。

⑤风险发生后的实际结果和预期是否一致,并对风险因素变化做出评判。

⑥风险管理中有无出现潜在风险因素并分析变化趋势。

从监管措施和步骤来看,监管措施需要考虑风险管理计划、应对计划、环境变化、潜在的风险、已经发生的风险和已经在实施的风险计划等环节。风险监控步骤可以分为以下几部分:建立风险效果评价体系、明确风险监控方案、实施风险监控方案、实时收集分析风险信息、进行风险识别、进行风险评估、采取风险应对措施、评估风险应对结果、根据结果对系统进行再完善。

课堂运动风险防控的目标是及时进行风险识别、准确进行风险评估、采取合适手段进行风险应对。从上述对运动风险监管的内容、措施、步骤的分析可知,运动风险防控不仅要考虑风险大小,还要对风险因素及其风险事件的发展变化进行动态了解,要预先发现潜在风险并及时应对是防控运动风险的有效举措。从风险识别到风险应对的步骤安排构建起校园体育运动风险监控的程序和路径,如图 55 所示。

5.2.4 高校经营性健身俱乐部运动风险防范机制

加入包括经营性俱乐部在内的体育俱乐部是提升身体健康状况的有效方式,对学生的意志磨炼、情绪压力的调节、健康运动方式的养成等具有重要作用。然而,与此紧密相伴的是俱乐部教学过程中的运动伤害风险。秉承安全第一的原则建立高校经营性健身俱乐部风险防范机制是应对校园运动风险的必要举措。

二、主体部分

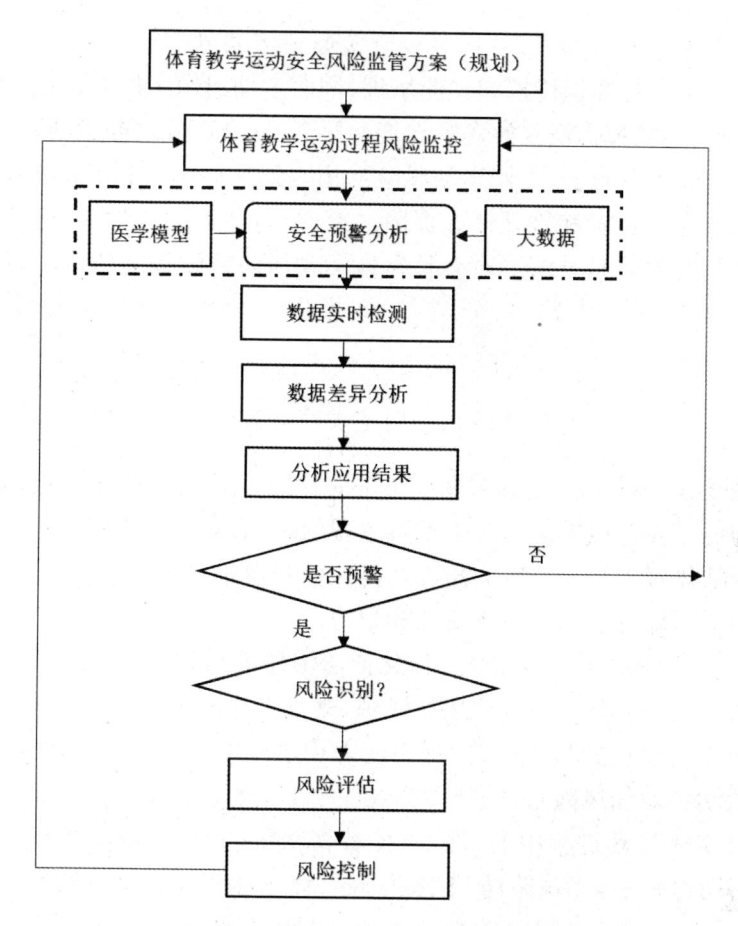

图 55　校园体育运动风险监控的程序和路径图

5.2.4.1 以资源统筹为基础构建运动风险防控环境

运动风险防控具有长期性的特点,需要时间的积累和强大的资源基础才能形成有效体系,经营性健身俱乐部要与高校合作,统筹多元主体资源,建立一体化的全方位防控体系。

第一,树立体医融合的经营教育理念。根据本课题调研结果,目前经营性俱乐部的工作人员普遍存在基础文化课程学习与专业技能水平不匹配的现象,特别是在运动防护、康复急救等方面操作还有待提升。未来经营性俱乐部应该加强和高校的合作,提升工作人员的体医素养水平,定期开展运动风险知识讲座,介绍运动风险案例和运动处方,积极进行校园网络宣传、制定运动安全手册标准,建立体育与医学知识技能兼具的人才体系。第二,利用高校资源邀请运动风险专家、专业医师等为工作人员进行知识传授和技能培训,同时定期组织工作人员走进医院学习急救、康复损伤恢复等实践技能。第三,联合医院培养运动防护师、运动处方师等专职人才,使运动风险从预防到康复的每个环节都有对应性的专业人员负责和管理体系保障。第四,打造运动风险智能化模式,构建会员健康信息系统。对会员每次运动风险测试情况和体质健康检查数据进行数字化处理、分类,定期推送运动风险防控和损伤急救知识。

5.2.4.2 推动运动风险防控法制建设的对策

"依法治体"是我国体育适应改革发展而生的时代产物。运动风险防控问题是体育俱乐部活动中不可忽视的难题,同样需要依靠法律提供保障。从体育法制化发展的角度对高校健身俱乐部进行顶层设计,在法律层面上明确各主体的工作责任和权力。

第一,以相关法律为依托,强化依法治体的意识。制定高校体育健身俱乐部运动风险防控专项法律法规,既可以用法律明确学生在俱乐部活动中需要承担的与其年龄、行为能力相适应的责任,对其依法自愿参与的活动要做到风险自知、风险自担,又可以激励学校和俱乐部经营主体重视文体活动过程中的风险防控教育,督促其更好依法履行主体职责,用法律解决运动风险防控中的难题,促进体育与安全协调发展。第二,设立专门的运动风险防控监督、执法部门,严格按照法定的程序行使权力、承担责任,这样才不会出现相互推诿、越权执法的现象。第三,加强法制思想输出。法制宣传教育是基础工程,利用各种形式,如举办讲座、报告会等,充分发挥网络功能,开展丰富多彩的宣传教育活动,运用法律武器合理维权。

5.2.4.3 以师资评价体系为动力助力运动风险防控的对策

建立健全评价指标体系是保证人才队伍质量的关键所在。高校经营性俱乐部运动风险防控指标体系应该是多元化的,包括以运动技能为主的专项评价和以健康为主的社会评价,还包括在此基础上建立的定性与定量结合的运动风险防控考核体系。因此,建议采取雇佣高校体育教师兼职俱乐部教师的方式,建立评价联动机制,对俱乐部风险防控予以支持。同时,建议促进课上学习和课外俱乐部练习相互结合,大力打造优质运动风险防控示范课程建设,将教学成果与评职评优挂钩,激励员工的荣誉感和责任感,推动高校经营性俱乐部运动风险防控建设。

5.2.4.4 自我健康投资理念视域下优化经营性健身俱乐部运动环境的对策

自我健康投资理念是经营性健身俱乐部生存与发展的文化基础,也是防范其中难以预测的运动风险的精神支撑。

(1)加强自我健康投资理念宣传,培养新时代大学生的健康意识

健康是人力资本中最为重要的内容,失去健康将失去一切。健康中国上升为国家战略,党和政府对人民的健康十分重视,强调多方面多渠道提升全体人民的健康水平。高校在新时代的目标是培养德智体美劳全面发展的社会主义建设人才,身体和心理健康是大学生全面发展的重要内容,为此体育教育在高校教育中扮演着不可或缺的角色。自我健康投资理念是健康中国战略在高校大学生健身和健康思想的重要体现,也是当下高校经营性健身俱乐部迅猛发展的文化基础。

(2)解构自我健康投资理念的伦理结构,提升学生会员的风险防范意识

自我健康投资理念的核心价值是"健康",而健康的前提是安全,运动参与和自我投资都围绕这个核心理念展开。因此,建议鼓励体育人文研究领域的专家学者深入探讨自我健康投资理念的精神层面、制度层面和物质层面的文化内涵,构建层次分明的自我健康投资理念的文化体系,并以此为基础逐渐培养起新时代大学生的健康意识和风险防范意识,使更多的大学生走进健身俱乐部,在科学健身的前提下防范和有效应对运动风险,实现自我投资、科学健身、安全运动的多元理念融合。

(3)优化政策环境,促进俱乐部发展与运动安全的良性互动

《关于加快发展体育产业促进体育消费的若干意见》和《"健康中国2030"规划纲要》政策文件的发布意味着全民健身和全民健康上升为国家战略。高校创建经营性健身俱乐部有利于提升新时代大学生的身体健康,是在国家战略指引下的一种体育组织和新型运行模式的创新。前述调研资料显示,高校经营性健身俱乐部的运营和运行存在场地使用、器材购置、管理体制、师资供给等方面的困境,这些难题在一定程度上直接或间接导致了运动风险的隐患。因此,从治本的角度讲,促进经营性健身俱乐部的发展,在发展中解决经营性俱乐部运动风险防控的问题

是一个促进系统良性循环、螺旋向上的对策。

首先,在理念上不应对经营性健身俱乐部有抵触思想,其存在本身就是对高校学生多元化运动需求的一种释放和满足,而并非单纯的经营性的经济逻辑,更非特权体育渊薮。其次,应将高校经营性健身俱乐部纳入学校或体育部门的发展规划,对其发展和运行进行总体性的宏观统筹。最后,鉴于该类组织形式处于初创和不成熟阶段,建议在政策上给予一定的支持,通过政策引导和支持降低俱乐部运营成本和门槛,吸引更多学生甚至贫困学生的参与。

(4) 辩证审视社会资源,实现资源推动与安全保障之间的平衡

高校资源难以满足经营性健身俱乐部发展的需要,为了加快俱乐部的发展,有些高校引入社会资源参与健身俱乐部的建设,这些社会资源包括各类体育团体、企业,以及先进的管理理念等。社会资源的引入提升了俱乐部的经营绩效,但在提供社会支持的同时夹杂了一些不适应高校校园文化的元素,为俱乐部经营和风险监管埋下隐患。所以,在引进社会资源参与高校俱乐部经营时,要坚持正确的导向,即在体育教育系统和体育社团组织的两条线的基础上融入社会资源,以更好地服务高校学生的健康需要和健身需求为要旨,不以盈利为核心诉求。因此,学校相关部门要对引进的社会资源进行有效审查,防范变质的社会支持所导致的安全风险。

5.2.5 基于提升本体感觉训练的教学内容改革对策

5.2.5.1 本体感觉与运动伤害

自 1906 年 Charles Sherrington 提出本体感觉这一术语以来,100 多年间国内外对于本体感觉进行了深入的研究,研究内容包括本体感觉的感受器、神经传导通路、神经中枢、测试方法、训练手段、影响因素等方面,取得了大量的研究成果。同时,本体感觉在提高运动技能、运动损伤预防与康复、大学生体育课程风险评估及控制等领域获得了广泛的应用。

针对关节的研究显示,运动疲劳导致本体感觉下降,从而降低神经肌肉和姿势控制,进而增加了跌倒的风险,骨折的风险。更多的运动损伤出现在练习或比赛的最后三分之一时间里,可能与疲劳引发的关节本

二、主体部分

体感觉的变化改变了下肢神经肌肉控制和关节动态稳定性有关。在对不同年龄群体平衡能力影响因素的研究中,在所有年龄群体中,本体感觉比视觉和前庭觉的相对贡献更大。本体感觉,尤其是下肢的本体感觉下降,导致平衡能力下降,从而增加了跌倒风险。同时,下降的本体感觉导致运动过程中异常的关节生物力学变化,从而导致各种退行性关节病的产生。可见,来自肌肉、肌腱、关节和皮肤的机械感受器的感觉信息在维持关节稳定、保持姿势与平衡、随意运动精确控制等方面都发挥极其重要的作用。良好的本体感觉功能可以提高运动参与者的运动能力,降低运动损伤发生的机率[207][208][209]。

随着全民健身事业的发展,人们对自身运动能力和健康水平的要求更高,身体各部位损伤的发生率也相应增加,本体感觉在避免运动损伤中的重要作用更为凸显。本研究的问卷调查数据表明,学生突发性的惊吓等心理原因或身体因素引起的身体失衡是导致运动伤害的重要因素之一,通过体育教学提升学生本体感觉训练是学生自身运动损伤防控的重要手段。

5.2.5.2 加强本体感觉教学内容防控运动损伤的建议——以游泳等运动项目为例

(1)游泳教学中本体感觉练习与运动损伤防控

游泳可以减肥美体,增强心肺功能,提高机体抵抗力,对调节内分泌也大有裨益。但与此同时,游泳也是被列入《第一批高危险性体育项目目录公告》的危险性运动项目,运动风险频发。目前,北京的很多高校都将游泳列为本科生必修课,其风险防控的压力相当大。游泳包括蝶泳、仰泳、蛙泳和自由泳等四种泳姿,其中身体各部分的动作控制不仅起到保持身体平衡的作用,还可以产生较大的推进力,对游泳的学习和掌握起着关键作用。要高质量做好游泳动作,良好的本体感觉是基础和必要条件。此外,本体感觉提供有关运动感觉、关节位置、肌肉收缩速度、肌肉收缩力量、关节承受压力及皮肤牵拉等重要信息[210][211],可以使学生对整个游泳过程中上下肢的运动、位置及受力有清晰的感受,通过神经肌肉传导通路对身体做出调控[212],保证学生根据运动状况调整身体运动、身体位置和维持身体在水中的平衡[213],降低游泳过程中损伤发生的机率。

（2）篮球运动教学中本体感觉练习与运动损伤防控

踝关节损伤是篮球运动教学中常见的一种运动性损伤，已有研究表明，高校篮球运动员踝关节柔韧性、本体感觉在踝关节损伤中的作用非常显著[214]。篮球运动员踝关节左右一侧的内翻本体感觉可以作为预测同侧踝关节损伤的指标。这提示教师和学生在日常训练和比赛前应主动开展本体感觉训练，尤其是内翻本体感觉的训练，使本体感觉训练作为一个预防性措施而非简单的康复手段，进而提高本体感觉的水平，有效地减少踝关节损伤。

（3）武术运动教学中本体感觉练习与运动损伤防控

本体感受器的反馈信息，对运动员运动技能的形成、巩固、发展和提高起着强化和校正作用。已有研究表明武术（含散打）运动员的上肢本体感觉能力明显优于田径运动员[215]。这可能与武术运动员对动作技能和上肢本体感觉要求较高有关，是系统训练的结果。武术套路运动员的肘、腕关节的本体感觉能力优于武术散打运动员，且与运动水平成正相关，但它们肩关节本体感觉能力并无明显差异。建议在武术教学的训练中加强肩关节本体感觉能力的训练。

太极拳是深受国内外广大群众喜爱的民族传统体育项目，也是很多高校体育教学中的必选课程。已有研究显示，经过12周的太极拳训练，学生闭眼单脚站立和膝关节的运动觉明显优于训练前。太极拳运动中膝关节常以微屈半蹲活动为主，而且与屈30°～40°的膝关节功能位吻合。这种左右膝持续轮换"半蹲"的动作姿势意味着膝关节周围肌肉得到锻炼，从而增强了膝关节的稳定性，改善了膝关节的本体感觉[216]。以及，太极拳运动能明显改善下肢平衡能力及本体感觉，这项运动既可以从整体上作为一项单独的运动项目进行专项学习，也可以作为其他运动目学习过程中的本体感觉训练手段加以推广。

（4）健步走中本体感觉练习与运动损伤防控

健步走是一项有氧代谢运动，行走的速度和运动量介于散步和慢跑之间，动作简单、自然，强度适中且具有不易产生运动损伤、危险性低等优点。经常进行有氧运动能改善神经细胞之间联系网络的复杂程度，加快信息传导速度，对本体感觉具有促进作用。已有研究表明[217][218]，有氧运动是在中枢神经的控制下将不熟练的动作变为熟练的动作，然后将熟练的动作相互组合转换，经过对动作的分析、判断、综合变为整体运动，促进神经系统的调节更灵敏和精确，从而达到改善本体感觉能力的作用。健步走在改善人的身体静态平衡能力方面具有一定的积极作用，建议将此类运动作为体育课堂的课后作业加以系统化的组织和安排。

（5）跆拳道运动教学中本体感觉练习与运动损伤防控

在跆拳道课堂的学习中，运动员的踝关节始终在运动中起着关键作用。适当锻炼跆拳道运动可以增加踝关节本体感觉，长期运动且过度使用踝关节，则对其本体感觉有负面作用。因此，在学生专项练习的过程中，适当控制踝关节的长期使用，避免过度使用引起的关节本体感觉下降，是避免运动伤害应该把握的尺度。

除上述列举的运动项目外，足球、排球、健美操等运动项目既能在运动中提升本体感觉，又可以通过增强本体感觉规避运动损伤。因此，建议深入挖掘各类运动项目中本体感觉锻炼的方法和内容，进而以增强本体感觉训练来提高运动风险防控，不失为应对运动风险的良策，值得在体育教学改革中加以重点筹划。

三、主要成果

课题研究成果的呈现除结项报告正式出版外,还包括两篇国内核心期刊论文和一篇 SCI 论文,其中一篇论文被中国人民大学书报资料中心全文转载。同时,撰写两份资政报告上报国家相关部门。课题成果的内容包括体育教学运动风险识别、体育教学运动风险评估、体育健康大数据中心及运动风险监管模型的建立、学校体育整体性运动风险监管机制建构策略四个部分。

具体成果如下。

(1)完成结项报告《基于体育健康大数据的学校体育教学安全与风险防控机制研究》,已经签订出版合同,待课题结项后正式出版。

(2)发表 SCI 论文:Lin Li, Shuwang Li, Yanxia Li,"Wrist joint proprioceptive acuity assessment using inertial and magnetic measurement systems", International Journal of Distributed Sensor Networks,2019,15(4):237-247.

(3)发表核心期刊论文:王勇.自我健康投资理念下经营性健身俱乐部在高校创办的审思[J].沈阳体育学院学报,2019,38(04):38-43。该论文被中国人民大学书报资料中心 2020 年第 2 期全文转载。

(4)发表核心期刊论文:李树旺,李京律,梁媛,刘潇锴.高校体育课堂风险识别与评估研究[J].沈阳体育学院学报,2021,40(06).

(5)资政报告《关于规避体育风险、加强赛事监管的政策建议——"白银马拉松事件"的反思》,被中国人民大学国家发展战略研究院采纳,上报国家相关部门。

(6)资政报告《完善运动风险防控体系,提升学校体育治理能力——基于首都 8 所高校实证调查》被中国人民大学首都发展战略研究院采纳,并上报北京市相关部门。

参考文献

[1] 范道津,陈伟珂.风险管理理论与工具[M].天津:天津大学出版社,2010:29.

[2] 体育课为何上得如此小心[EB/OL].http://edu.people.com.cn/n1/2019/0226/c1006-30902921.html,2019-02-26.

[3] 体育总局 教育部《关于印发深化体教融合 促进青少年健康发展意见的通知》[S].

[4] 中共中央办公厅 国务院办公厅印发《关于全面加强和改进新时代学校体育工作的意见》和《关于全面加强和改进新时代学校美育工作的意见》[EB/OL].http://www.gov.cn/zhengce/2020-10/15/content_5551609.htm,2020-10-15.

[5] 熊文.质疑与辨正:学校体育健康追求的强度关联——基于体育课程教学特定运动强度的审思[J].上海体育学院学报,2021,45(01):86-98.

[6] 葛金琰,闫振龙,何昌珂.全国民办高校大学生体育伤害事故及风险防控现状研究[J].当代体育科技,2020,10(34):241-243.

[7] 大学生体育课猝死 校方称属意外不承担责任[EB/OL].http://news.sohu.com/20120504/n342386361.shtml,2012-05-04.

[8] 在学校上体育课期间 意外摔伤,我没上保险,学校有责任赔偿吗应该赔偿多少呢[EB/OL].https://www.66law.cn/question/7830070.aspx,2016-12-29.

[9] 三起初中生跑步猝死事件,是疫情后体育课风险警示[EB/OL].https://new.qq.com/omn/20200504/20200504A001P900.html,2020-05-04.

[10] 体育课受伤八成学校被判担责 专家:以保险规避风险[EB/OL].http://insurance.jrj.com.cn/2017/10/09080123204262.shtml,

2017-10-09.

[11] 佟强. 当代中国市民体育生活方式转型与人的发展研究 [D]. 吉林大学, 2014.

[12] 教育部关于印发《学校体育运动风险防控暂行办法》的通知 [EB/OL].[2021-07-20].http：//www.moe.gov.cn/srcsite/A17/moe_943/moe_946/201505/t20150515_189495.html.

[13] 国务院办公厅关于强化学校体育促进学生身心健康全面发展的意见（国办发〔2016〕27号）.[EB/OL].[2021-07-20].http：//www.gov.cn/zhengce/content/2016-05/06/content_5070778.htm.

[14] Paffenbarger R. S., Hyde R. T., Wing A. L., et al. The association of changes in physical-activity level and other lifestyle characteristics with mortality among men.[J]. The New England journal of medicine, 1993, 328（8）：538-545.

[15] Rottenberg, S. The baseball players' labor market. [J]. Journal of political Economy, 1956, 64, 242-258.

[16] Giulianotti R . Routledge Handbook of the Sociology of Sport[M]. Routledge, 2015.

[17] Appenzeller , H. (2012). Risk management in sport. In H. Appenzeller (Ed.), Risk management in sport：Issues and strategies (pp. 5–10). Durham, NC：Carolina Academic.

[18] Lincoln A. E. , Caswell S. V. , Almquist J. L. , et al. Trends in Concussion Incidence in High School Sports：A Prospective 11-Year Study[J]. The American Journal of Sports Medicine, 2011, 39(5)：958-963.

[19] Kyritsis P., Bahr R., Landreau P., et al. Likelihood of ACL graft rupture：not meeting six clinical discharge criteria before return to sport is associated with a four times greater risk of rupture[J]. British Journal of Sports Medicine, 2016, 50(15)：946-951.

[20] Blanch P., Gabbett T. J. Has the athlete trained enough to return to play safely？The acute：chronic workload ratio permits clinicians to quantify a player's risk of subsequent injury[J]. British Journal of Sports Medicine, 2015.50(8)：471-475

[21] Bowen L., Gross A. S., et al. Accumulated workloads and

the acute: chronic workload ratio relate to injury risk in elite youth football players[J]. British Journal of Sports Medicine, 2016, 51(5): 452-459.

[22] Froot K. A., Scharfstein D. S., Stein J. C. Risk Management: Coordinating Corporate Investment and Financing Policies[J]. Journal of Finance, 2012, 48(5): 1629-1658.

[23] Embrechts P., Mcneil A., D. Straumann. Correlation and Dependency in Risk Management[J]. Risk Management Value at Risk & Beyond, 1999: 176-223.

[24] Lise Porsanger (2021): Risk and safety management in physical education: teachers' knowledge, Physical Education and Sport Pedagogy, DOI: 10.1080/17408989.2021.1934663

[25] JoAnn M., David L., Daniel P., Connaughton.Risk Management for Health/Fitness Professionals: Legal Issues and Strategies[M]. Philadelphia: Lippincott Williams & Wilkins, 2009.

[26] Kelle L. Murphy (2015) Assessing Risk Management: How Effective Is Your Program?[J]. Journal of Physical Education, Recreation and Dance, 86: 3, 32-36

[27] Shehab R., Mirabelli M., Gorenflo D., et al. Pre-exercise Stretching and Sports Related Injuries: Knowledge, Attitudes and Practices[J]. Clinical Journal of Sport Medicine, 2006, 16(3): 228-231.

[28] Dougherty, Neil, Seidler, et al. Injuries in the Buffer Zone: A Serious Risk-Management Problem.[J]. Joperd the Journal of Physical Education Recreation & Dance, 2007, 78(2): 4-7.

[29] Giulianotti R. Routledge Handbook of the Sociology of Sport[M]. Routledge, 2015.

[30] Slovic, P. (1999) Trust, Emotion, Sex, Politics, and Science, Risk Analysis, 19(4): 689-701.

[31] Douglas, M.and Wildavsky, A., Risk and Culture: An Essay on the Selection of Technological and Environmental Dangers[M].Berkeley: University of California Press, 1982.

[32] Coakleywrited J. Sport in Society: Issues and Controversies.5th ed[M]. Mosby, 1994.

[33] 陈德明,李晓亮,李红娟.学校体育运动风险管理研究述评[J].北京体育大学学报,2012,35(09):102-108.

[34] 石岩,霍炫伊.体育运动风险研究的知识图谱分析[J].体育科学,2017,37(02):76-86.

[35] 边菊平.论运动风险视阈下的健美操教学[J].新课程(下),2011(05):97.

[36] 王军.高校体育教学中运动风险发生的因素分析[J].渭南师范学院学报,2011,26(06):77-79.

[37] 刘晓军.运动风险评价理论体系的构建[D].北京体育大学,2010.

[38] 张左鸣.高校运动伤害的风险管理研究[J].西安建筑科技大学学报(社会科学版),2008(03):97-100.

[39] 何素艳.基于风险认知与沟通的学校体育活动参与者雾霾应对行为研究[D].山西大学,2020.

[40] 凌平,王清.论体育运动的风险与体育保险[J].北京体育大学学报,2003(05):596-597,609.

[41] 张艳.高校体育教学中的风险管理与防范策略探讨[J].成都中医药大学学报(教育科学版),2010,12(01):39-40.

[42] 侯柏晨,孙玉琴.高校体育运动风险管理与防范策略研究[J].哈尔滨体育学院学报,2007(02):12-14.

[43] 寇健忠.体育风险管理研究导论[J].咸宁学院学报,2010,30(09):126-127.

[44] 石岩.我国优势项目高水平运动员参赛风险的识别、评估与应对[D].北京体育大学,2004.

[45] 张大超,李敏.国外体育风险管理体系的理论研究[J].体育科学,2009,29(07):43-54.

[46] 翟虎翔.我国中小学体育风险识别与应对研究[D].河南大学,2010.

[47] 师耀武.学校体育活动中学生意外伤害事故的规避[J].教学与管理,2013(27):42-44.

[48] 李晓亮,郑鑫,陈德明.普通高校学校体育运动风险识别与评估研究——以河北省为例[J].广州体育学院学报,2015,35(04):16-19.

[49] 雷仲敏.风险评价[M].北京:中国标准出版社,2009:57-66.

[50] 郭波,龚时雨,谭云涛. 项目风险管理[M]. 北京:电子工业出版社,2010:56-61.

[51] 王卓甫. 工程项目风险管理——理论、方法与应用[M]. 北京:中国水利水电出版社,2003:29-32.

[52] 阳富强,吴超,覃妤月. 安全系统工程学的方法论研究[J]. 中国安全科学学报,2009,19(08):10-20.

[53] 黄福. 海外EPC工程项目风险管理研究[D]. 广西大学,2013.

[54] 赵爽. 利益相关者视角的企业内部控制体系研究[D]. 中国海洋大学,2013.

[55] 石岩,牛娜娜. 我国体育领域风险评估方法的比较分析[J]. 体育与科学,2014,35(05):54-58.

[56] 郑柏香,白凤瑞,邹红,谢忠萍. 学校体育风险管理中的几个理论问题探讨[J]. 体育与科学,2009,30(06):90-92.

[57] 石岩,卢松波. 体育教师教学活动风险认知的质性研究及测量方法[J]. 天津体育学院学报,2012,27(02):121-125.

[58] 陈明伟,熊巍. 高校体育运动伤害事故的风险控制[J]. 体育成人教育学刊,2010,26(04):26-28.

[59] 杨亚琴,邱菀华. 学校体育教育组织过程中的风险管理研究[J]. 西安体育学院学报,2005(05):84-87,103.

[60] 刘红,石岩. 风险管理视角下我国大学生体育活动猝死问题研究[J]. 中国体育科技,2008(05):95-102.

[61] 连小刚,石岩. 我国学校体育保险模式研究[J]. 西安体育学院学报,2020,37(03):304-312.

[62] Khan M. N., Ormandjieva O., Pitula K. Mobile Viewing and Self-Management of Patient's Electronic Health Records (EHRs) with MyHealthCloud[C]//Proceedings of the 7th ACM Workshop on ACM Mobile Health 2017. 2017:1-6.

[63] Abderrazak R., Laila N., Jamal I. Occurrence of Phosphate Solubilizing Bacteria in the Rhizosphere of Triticumaestivum L from Meknes, Morocco[J]. Amer J Microbiol Biotechnol, 2017, 4(1):1-7.

[64] Islam M. D. S., Umran H. M., Umran S. M., et al. Intelligent Healthcare Platform:Cardiovascular Disease Risk Factors Prediction Using Attention Module Based LSTM[C]//2019 2nd International

Conference on Artificial Intelligence and Big Data (ICAIBD). IEEE, 2019: 167-175.

[65] 曾航齐,黄桂新. 基于Hadoop的医疗健康档案大数据平台构建[J]. 中国数字医学, 2017(7).

[66] 贾宁,李瑛达. 基于智能可穿戴设备的个性化健康监管平台的构建[J]. 计算机科学, 2019(S1).

[67] 王勇,尹鹏飞,李娟. 基于HBase的健康大数据平台性能优化及应用[J]. 软件导刊, 2017, 16(10): 146-149, 158.

[68] 赵博扬,王勇. 健康监测大数据系统接入协议设计[J]. 软件导刊, 2017, 16(09): 173-176.

[69] 张燕,徐立新. ActiveMQ特性与配置研究[J]. 电脑编程技巧与维护, 2011(12): 6, 13.

[70] 陈瑶,李洋磊. 基于ActiveMQ的数据传输框架性能优化[J]. 现代信息科技, 2019, 3(16): 128-130, 132.

[71] 樊鹏,邱俊宏,戚振伟,张秀娟. 基于开源ActiveMQ的电力故障分析系统[J]. 自动化与仪表, 2018, 33(03): 58-61.

[72] Gary B. Wilkerson, Ashish Gupta, Jeff R. Allen, Clay M. Keith, Marisa A. Colston. Utilization of Practice Session Average Inertial Load to Quantify College Football Injury Risk[J]. Journal of Strength and Conditioning Research, 2016, 30(9).

[73] Brent Rogalski, Brian Dawson, Jarryd Heasman, Tim J. Gabbett. Training and game loads and injury risk in elite Australian footballers[J]. Journal of Science and Medicine in Sport, 2013; 16(6).

[74] Tim J. Gabbett. Quantifying the Physical Demands of Collision Sports: Does Microsensor Technology Measure What It Claims to Measure?[J]. Journal of Strength and Conditioning Research, 2013, 27(8).

[75] Tim J. Gabbett. The Development and Application of an Injury Prediction Model for Noncontact, Soft-Tissue Injuries in Elite Collision Sport Athletes[J]. Journal of Strength and Conditioning Research, 2010, 24(10).

[76] Colby Marcus J., Dawson Brian, Heasman Jarryd, Rogalski Brent, Gabbett Tim J. Accelerometer and GPS-derived running loads

and injury risk in elite Australian footballers.[J]. Journal of strength and conditioning research, 2014, 28(8).

[77] 刘晓军. 运动风险评价理论体系的构建 [D]. 北京体育大学, 2010.

[78] 闫振龙, 何昌珂, 苏洋. 大学生运动伤害与风险防控研究 [J]. 西安交通大学学报 (社会科学版), 2019, 39(04)：126-130.

[79] 孙红叶. 大数据技术在学生体育运动风险控制中的应用 [J]. 当代体育科技, 2018, 8(07)：189, 191.

[80] 于辉, 朱长新, 傅旭. 基于大数据技术的高校体育运动风险控制路径研究 [J]. 太原城市职业技术学院学报, 2021(05)：116-118.

[81] 李铁彪, 董亚琦. 大数据时代我国学校体育发展理性审视 [J]. 体育科技文献通报, 2021, 29(08)：33-34, 152.

[82] 彭春兰, 龙佩林. 基于大数据的大学生体质健康测试数据分析及健康促进对策 [J]. 湖北体育科技, 2021, 40(01)：76-81.

[83] 李海、石勇. "蒙眼狂奔"背后潜在安全隐患日益叠加, 赛事风险管理亟需深入推进 [EB/OL]. 2021-07-17[2021-08-19]. https：//whb.cn/zhuzhan/yd/20210717/414462.html.

[84] 唐行晨. 基于 AHP 的大型体育赛事风险管理体系的构建——以乒乓球赛事为例[D]. 上海：华东理工大学, 2009.

[85] 陈运魁. 体育赛事运营及风险管理研究——以环海南岛国际公路自行车赛为例[D]. 天津：天津大学, 2014.

[86] 石晓峰. 大数据时代体育服务现状的可视化分析 [J]. 体育研究与教育, 2019, 34(03)：16-21.

[87] 容博尚. 大数据在体能训练中应用的可行性研究 [J]. 当代体育科技, 2021, 11(05)：61-62, 65.

[88] 王王. 基于大数据下的军事体育训练风险管理初探 [J]. 军事体育学报, 2017, 36(01)：8-9, 103.

[89] Carpenter J. E., Blasier R. B., Pellizzon G. G. The effects of muscle fatigue on shoulder joint position sense[J]. Am J Sports Med, 1998, 26(2)：262-265.

[90] Ribeiro F., Oliveira J. Effect of physical exercise and age on knee joint position sense[J]. Arch Gerontol Geriatr, 2010, 51(1)：64-67.

[91] Burke R. E. Sir Charles Sherrington's the integrative action of the nervous system: a centenary appreciation[J]. Brain, 2007, 130(Pt 4): 887-894.

[92] Riemann B. L., Lephart S. M. The sensorimotor system, part I: the physiologic basis of functional joint stability[J]. J Athl Train, 2002, 37(1): 71-79.

[93] Wright S. A., Liggett N. Nerve conduction studies as a routine diagnostic aid in carpal tunnel syndrome[J]. Rheumatology (Oxford), 2003, 42(4): 602-603.

[94] Holmbäck A. M., Porter M. M., Downham D., et al. Reliability of isokinetic ankle dorsiflexor strength measurements in healthy young men and women[J]. Scandinavian Journal of Rehabilitation Medicine, 1999, 31(4): 229.

[95] Wright S. A. Operating room pollution--or is it contamination?[J]. AANA J, 1979, 47(3): 313-322.

[96] Cramer J. J., Wright S. A. The bean bag chair and the pedodontic patient with cerebral palsy[J]. Dent Hyg (Chic), 1975, 49(4): 167-168.

[97] Sonne M. W., Keir P. J. Major League Baseball pace-of-play rules and their influence on predicted muscle fatigue during simulated baseball games[J]. J. Sports Sci, 2016, 34(21): 2054-2062.

[98] Bank P. J., Van Rooijen D. E., Marinus J., et al. Force modulation deficits in complex regional pain syndrome: a potential role for impaired sense of force production[J]. European journal of pain (London, England), 2014, 18 (7): 1013-1023.

[99] Paschalis V., Nikolaidis M. G., Theodorou A. A., et al. The effects of eccentric exercise on muscle function and proprioception of individuals being overweight and underweight[J]. J Strength Cond Res, 2013, 27(9): 2542-2551.

[100] 李美, 马磊, 宋鑫, 等. 本体感觉强化训练对全膝关节置换术后膝关节功能的影响 [J]. 中国运动医学杂志, 2015, (03).

[101] 汤从智, 夏扬, 马明, 等. 本体感觉训练对肩袖损伤关节镜术后患者肩关节功能恢复的临床研究 [J]. 南京医科大学学报（自然科学

版），2015，35(03)：407-410.

[102] 胡斐,牛洁,马继政.本体感觉训练在治疗半月板损伤中的作用和实践研究[J].南京体育学院学报(自然科学版),2015,(02).

[103] Han J., Waddington G., Anson J., et al. Level of competitive success achieved by elite athletes and multi-joint proprioceptive ability[J]. Journal of Science and Medicine in Sport,2015,18（1）:77-81.

[104] Franco P. G., Santos K. B., Rodacki A. L. Joint positioning sense, perceived force level and two-point discrimination tests of young and active elderly adults[J]. Braz J Phys Ther, 2015: 0.

[105] Kalisch T., Kattenstroth J. C., Kowalewski R., et al. Age-related changes in the joint position sense of the human hand[J]. Clinical interventions in aging,2012,7:499-507.

[106] Herter T. M., Scott S. H., Dukelow S. P. Systematic changes in position sense accompany normal aging across adulthood[J]. Journal of neuroengineering and rehabilitation,2014,11（1）:43.

[107] Adamo D. E., Martin B. J., Brown S. H. Age-related differences in upper limb proprioceptive acuity[J]. Perceptual and Motor Skills,2007,104（3_suppl）:1297-1309.

[108] Adamo D. E., Alexander N. B., Brown S. H. The influence of age and physical activity on upper limb proprioceptive ability[J]. Journal of aging and physical activity,2009,17（3）:272-293.

[109] Wright M. L., Adamo D. E., Brown S. H. Age-related declines in the detection of passive wrist movement[J]. Neuroscience Letters,2011,500（2）:108-112.

[110] Chou C. H., Hwang C. L., Wu Y. T. Effect of exercise on physical function, daily living activities, and quality of life in the frail older adults: a meta-analysis[J]. Arch Phys Med Rehabil, 2012, 93(2): 237-244.

[111] Xu D., Hong Y., Li J., et al. Effect of tai chi exercise on proprioception of ankle and knee joints in old people[J]. British journal of sports medicine,2004,38（1）:50-54.

[112] 林志刚,龚德贵,王心城,等.太极云手改善慢性腰痛患者本体感觉30例[J].中国中医药现代远程教育,2015,(13).

[113] Allen T. J., Proske U. Effect of muscle fatigue on the sense of limb position and movement[J]. Exp Brain Res, 2006, 170(1): 30-38.

[114] Forestier N., Bonnetblanc F. Compensation of lateralized fatigue due to referent static positional signals in an ankle-matching task. A feedforward mechanism[J]. Neurosci Lett, 2006, 397(1-2): 115-119.

[115] Givoni N. J., Pham T., Allen T. J., et al. The effect of quadriceps muscle fatigue on position matching at the knee[J]. J. Physiol, 2007, 584(Pt 1): 111-119.

[116] Hiemstra L. A., Lo I. K., Fowler P. J. Effect of fatigue on knee proprioception: implications for dynamic stabilization[J]. J. Orthop Sports Phys Ther, 2001, 31(10): 598-605.

[117] Djupsjobacka M., Johansson H., Bergenheim M. Influences on the gamma-muscle-spindle system from muscle afferents stimulated by increased intramuscular concentrations of arachidonic acid[J]. Brain Res, 1994, 663(2): 293-302.

[118] Pedersen J., Sjolander P., Wenngren B. I., et al. Increased intramuscular concentration of bradykinin increases the static fusimotor drive to muscle spindles in neck muscles of the cat[J]. Pain, 1997, 70(1): 83-91.

[119] Miura K., Ishibashi Y., Tsuda E., et al. The effect of local and general fatigue on knee proprioception[J]. Arthroscopy, 2004, 20(4): 414-418.

[120] Arvin M., Hoozemans M. J., Burger B. J., et al. Reproducibility of a knee and hip proprioception test in healthy older adults[J]. Aging Clin Exp Res, 2015, 27(2): 171-177.

[121] Koralewicz L. M., Engh G. A. Comparison of proprioception in arthritic and age-matched normal knees[J]. J Bone Joint Surg Am, 2000, 82-A(11): 1582-1588.

[122] Camicioli R., Panzer V. P., Kaye J. Balance in the healthy elderly: posturography and clinical assessment[J]. Arch Neurol, 1997, 54(8): 976-981.

[123] Lord S. R., Rogers M. W., Howland A., et al. Lateral stability, sensorimotor function and falls in older people[J]. J Am Geriatr Soc, 1999, 47(9): 1077-1081.

[124] Sorock G. S., Labiner D. M. Peripheral neuromuscular dysfunction and falls in an elderly cohort[J]. Am J Epidemiol, 1992, 136(5): 584-591.

[125] Walter C. An alternative view of dynamical systems concepts in motor control and learning[J]. Res Q Exerc Sport, 1998, 69(4): 326-333.

[126] Park W. H., Leonard C. T. The effect of intervening forces on finger force perception[J]. Neurosci Lett, 2008, 438(3): 286-289.

[127] Romero-Franco N, Montano-Munuera J A, Jimenez-Reyes P. Validity and Reliability of a Digital Inclinometer to Assess Knee Joint Position Sense in a Closed Kinetic Chain[J]. J Sport Rehabil, 2017, 26(1): 1-5.

[128] Clark N. C., Akins J. S., Heebner N. R., et al. Reliability and measurement precision of concentric-to-isometric and eccentric-to-isometric knee active joint position sense tests in uninjured physically active adults[J]. Phys Ther Sport, 2016, 18: 38-45.

[129] Wright S. A., Jacobsen B. H. Combining active farmer involvement with detailed farm data in Denmark: a promising method for achieving water framework directive targets?[J]. Water Sci Technol, 2010, 61(10): 2625-2633.

[130] Godinho P., Nicoliche E., Cossich V., et al. Proprioceptive deficit in patients with complete tearing of the anterior cruciate ligament[J]. Rev Bras Ortop, 2014, 49(6): 613-618.

[131] Reider B., Arcand M. A., Diehl L. H., et al. Proprioception of the knee before and after anterior cruciate ligament reconstruction[J]. Arthroscopy, 2003, 19(1): 2-12.

[132] Abbruzzese G., Trompetto C., Mori L., et al. Proprioceptive rehabilitation of upper limb dysfunction in movement disorders: a clinical perspective[J]. Front Hum Neurosci, 2014, 8: 961.

[133] 沈蕾,罗楚,高晗. 新常态下旅游目的地品牌体验的 IPA 分

析范式 [J]. 华东经济管理,2016,30(01)55-62.

[134] Martilla J. A., James J. C. Importance-Performance analysis[J]. Journal of Marketing,1977,41(1): 77-79.

[135] Baloglu S., Love C. Association Meeting Planners' Perceived Performance of Las Vegas[J]. Journal of Convention & Exhibition Management, 2003, 5(1): 13-27.

[136] 喻寅昀,徐伟. 考虑顾客容忍区间的服务质量测评 [J]. 统计与决策,2019,35(13)177-180.

[137] 庄德林,李景,夏茵. 基于 CZIPA 法的快递企业服务质量评价研究 [J]. 北京工商大学学报(社会科学版),2015,30(02)48-55.

[138] 姚延波,侯平平,刘亦雪. 基于 IPA 分析的高星级酒店属性研究 [J]. 商业研究,2018(03)107-114.

[139] 温煜华. 基于修正 IPA 方法的温泉游客满意度研究——以甘肃温泉旅游景区为例 [J]. 干旱区资源与环境,2018,32(05)196-201.

[140] 郑旗,张鹏. 县域公共体育设施服务质量评价与改进基于 IPA 分析与实证 [J]. 上海体育学院学报,2015,39(06)11-15,27.

[141] 袁新锋,张瑞林,王飞. 基于 IPA 的公共体育服务质量评价模式设计与实证检验 [J]. 成都体育学院学报,2020,46(01)60-66.

[142] 汪昌华, Geng Gretchen. 基于 IPA 的师生冲突比较研究——以流动儿童与城市儿童为例 [J]. 安徽师范大学学报(人文社会科学版),2017,45(06): 785-791.

[143] 彭定洪,陈文妮,曾洪鑫,武金福. 多源信息云服务质量的犹豫模糊优劣 IPA 评价方法 [J]. 计算机工程与科学,2020,42(05): 910-922.

[144] 房德威,王雪,孙珊. 基于 IPA-Kano 模型的地面公交服务质量优化对策——以哈尔滨市为例 [J]. 科学技术与工程,2020,20(32): 13454-13459.

[145] 刘华荣. 我国高校户外运动风险管理研究 [D]. 北京体育大学,2017.

[146] Matzler K., Ballom F., Hinterhuber H., et al. The asymmetric relationship between attribute-level performance and overall customer satisfaction: a reconsideration of the importance-performance analysis[J]. Industrial Marketing Management, 2004,

33(4): 271-277.

[147] Matzler K., Sauerwein E. The Factor Structure of Customer Satisfaction: An Empirical Test of the Importance Grid and the Penalty-Reward-Contrast Analysis[J]. International Journal of Service Industry Management, 2002, 13(4): 314-332.

[148] Yin J., Cao X., Huang X., et al. Applying the IPA–Kano model to examine environmental correlates of residential satisfaction: A case study of Xi'an[J]. Habitat International, 2016, 53: 461-472.

[149] Yoo D. K., Ju M. J., Kim S. M., Lee Y. K. Determinants of Franchisor Dissatisfaction in Foodservice Industry -Focused on Revised IPA-[J]. Academy of customer satisfaction management, 2013, 15(4): 123-140.

[150] 陈建华. 风险投资项目中风险的识别、评估与防范研究 [D]. 暨南大学博士学位论文, 2007.

[151] 宋明哲. 风险管理 [M]. 台北: "中华" 企业管理发展中心, 1983.

[152] 邱苑华. 现代项目风险管理方法与实践 [M]. 北京: 科学出版社, 2003.

[153] 路东升. 我国田径专业竞技训练风险管理研究 [D]. 北京体育大学, 2015.

[154] 范道津, 陈伟坷. 风险管理理论与工具 [M]. 天津: 天津大学出版社, 2010: 29.

[155] 刘钧. 风险管理概论 [M]. 北京: 中国金融出版社, 2005: 41.

[156] 韦潇淑. F1摩托艇世锦赛中国柳州大奖赛风险管理研究 [D]. 北京体育大学, 2015.

[157] 韦军. 工程项目风险分析与应用研究 [D]. 合肥工业大学, 2009.

[158] 杨萌, 艾欣, 唐亮, 郭帅, 罗庚玉. 计及风险规避的售电公司平衡市场优化交易策略研究 [J]. 电网技术, 2016, 40(11): 3300-3309.

[159] 肖拥军. 旅游地开发项目风险管理研究 [D]. 武汉理工大学博士论文. 2009: 57.

[160] 陈立东. 金地项目进度管理研究 [D]. 北京工业大学, 2013.

[161] 陈建华. 风险投资项目中风险的识别、评估与防范研究 [D].

暨南大学博士学位论文,2007.

[162] 温阳.城市安全、高效用水及其评价方法研究.合肥工业大学硕士论文,2008:22-26.

[163] 路东升.我国田径专业竞技训练风险管理研究[D].北京体育大学,2015.

[164] 王慧.重大危险源辨识、分级与评估的研究[D].中北大学,2014.

[165] 王岩.我国学校体育伤害事故致因模型及其预防[D].北京体育大学,2011.

[166] 刘华荣.我国高校户外运动风险管理研究[D].北京体育大学,2017.

[167] 李晓亮,郑鑫,陈德明.普通高校学校体育运动风险识别与评估研究——以河北省为例[J].广州体育学院学报,2015,35(04):16-19.

[168] 周玉兰,王丽娟.不同学段体育课中教师因素对学生身体活动水平的影响[J].体育学刊,2021,28(02):118-124.

[169] 张丽军,孙有平.我国体育教师教学能力评价:反思与建构[J].山东体育学院学报,2021,37(01):67-73.

[170] 张厚学.体育课教师需"动"察秋毫[J].中国教育学刊,2021(01):107.

[171] 周玉兰,王丽娟.不同学段体育课中教师因素对学生身体活动水平的影响[J].体育学刊,2021,28(02):118-124.

[172] 张丽军,孙有平.我国体育教师教学能力评价:反思与建构[J].山东体育学院学报,2021,37(01):67-73.

[173] 董翠香,吕慧敏.中国健康体育课程模式关键要点确立的理论基础和实践依据[J].体育科学,2020,40(06):24-31.

[174] 蔡瑞金,薛小安,季浏,王诚.MPA或VPA等时替代课堂10分钟LPA对高中生体质健康的影响[J].武汉体育学院学报,2021,55(03):82-91.

[175] 健康第一——区域体育课程改革的实践探索[J].基础教育课程,2019(21):6.

[176] 陈崇高.浅谈体育教学中引入翻转课堂的意义[J].中国教育学刊,2019(S2):93-95.

[177] 毛振明,张媛媛,叶玲.论运动乐趣在体育课堂中的迷失与

回归[J]. 成都体育学院学报,2019,45(02):33-37,31-32,2.

[178] 陈晨. 青少年的体育锻炼与体育消费[J]. 中国青年研究,2020(07):14-21.

[179] 姜玉红. 突发公共卫生事件情境下高校公共体育在线教学机制研究[J]. 西南师范大学学报(自然科学版),2020,45(06):141-146.

[180] 闫建华. 学校体育运动伤害事故的特征、法律归责及风险防控措施研究——基于对58例裁判文书的荟萃分析[J]. 成都体育学院学报,2017,43(05):13-19.

[181] 郝明. 体育课的安全风险与有效规避[J]. 体育学刊,2015,22(02):94-96.

[182] 第八次全国学生体质与健康调研结果公布学生身高、体重等发育指标持续向好[EB/OL].http://www.moe.gov.cn/fbh/live/2021/53685/mtbd/202109/t20210903_558581.html,2021-09-03.

[183] 王勇. 自我健康投资理念下经营性健身俱乐部在高校创办的审思[J]. 沈阳体育学院学报,2019,38(4):38-43.

[184] 张洋,何玲. 中国青少年体质健康状况动态分析——基于2000—2014年四次国民体质健康监测数据[J]. 中国青年研究,2016,24(6):5-12.

[185] 陈玉璞,石岩. 大学生健身俱乐部健身风险防范研究[J]. 运动,2013(24):77-78,144.

[186] 周祖杰,王景贤,于春艳. 关于高校开展体育健身俱乐部的必要性与可行性的研究——以浙江财经学院"活力健身中心"为例[J]. 北京体育大学学报,2007(S1):25-27.

[187] 刘波. 广西高校健身俱乐部安全事故发生原因及预防研究[J]. 当代体育科技,2017,7(21):191-192,194.

[188] 王国友. 新课改下体育教学的实践与反思[J]. 中国校外教育,2014(S1):158.

[189] 朱桂华,常璐艳,荆晓伟,樊玲. 贵州省普通高校残疾学生体育教学现状的研究[J]. 体育科技,2017,38(06):125-126.

[190] 陈诚. 新形势下高职院校体育教学的变革与发展[J]. 安徽体育科技,2014,35(06):92-94.

[191] Kaminsky G. L., Lizondo S. J., Reinhart C. M. Leading Indicators of Currency Crises[J]. IMF Staff Papers, 1998, 45(45).

[192] Nag A., Mitra A. Neural networks and early warning indicators of currency crisis. 1999.

[193] 楼文高,乔龙.基于神经网络的金融风险预警模型及其实证研究[J].金融论坛,2011,16(11):52-61.

[194] 韩喜昆,马德功.基于AM-BPNN模型的系统性金融风险评估及预警[J].统计与决策,2021,37(04):138-141.

[195] 梁宏浩.地铁隧道施工安全风险评估及其应用研究[D].西南交通大学,2017.

[196] 刘强,管理.基于国际工程项目全生命周期的风险管理[J].土木工程与管理学报,2017,34(06):1-9,16.

[197] 张雷.PPP模式的风险分析研究[D].财政部财政科学研究所,2015.

[198] 陈思.承包商视角下国际工程EPC合同风险管理研究[D].北京交通大学,2014.

[199] 阴晓云.交通建设项目决策中的风险管理研究[D].西南交通大学,2007.

[200] 王盛椿.新时代大学生风险意识培育研究[D].山东大学,2020.

[201] 杨淑敏.体育院校田径课程教学风险的识别及评估指标体系的构建[D].北京体育大学,2016.

[202] 刘金栋.大型体育节事活动现场安全评估研究[D].华侨大学,2013.

[203] 冯芬玲,阎美好.基于BDD的铁路快运货物损失风险评估[J].北京交通大学学报,2018,42(06):48-54,74.

[204] 陈燕.中小企业人力资源管理外包及风险管理研究[D].石家庄铁道大学,2014.

[205] 郑建国,钱琼,朱佳俊.基于模糊偏序的企业人力资源风险决策模型研究[J].山东财政学院学报,2010(05):39-43.

[206] 王卓甫.工程项目风险管理——理论、方法与应用[M].北京:中国水利水电出版社,2003:203.

[207] Lord S. R., Rogers M. W., Howland A., et al. Lateral stability, sensorimotor function and falls in older people[J]. J Am Geriatr Soc,1999, 47(9): 1077-1081.

[208] Sorock G. S., Labiner D. M. Peripheral neuromuscular dysfunction and falls in an elderly cohort[J]. American journal of epidemiology, 1992, 136（5）: 584-591.

[209] Li L., Li S., Li Y. Wrist joint proprioceptive acuity assessment using inertial and magnetic measurement systems[J]. International Journal of Distributed Sensor Networks, 2019, 15(4): 237-247.

[210] Bullock-Saxton J. E., Wong W. J., Hogan N. The influence of age on weight-bearing joint reposition sense of the knee[J]. Exp Brain Res, 2001, 136(3): 400-406.

[211] Ribeiro F., Oliveira J. Effect of physical exercise and age on knee joint position sense[J]. Arch Gerontol Geriatr, 2010, 51(1): 64-67.

[212] Burke R. E. Sir Charles Sherrington's the integrative action of the nervous system: a centenary appreciation[J]. Brain, 2007, 130(Pt 4): 887-894.

[213] Petrella R. J., Lattanzio P. J., Nelson M. G. Effect of age and activity on knee joint proprioception[J]. Am J Phys Med Rehabil, 1997, 76(3): 235-241.

[214] 王春阳, 宋君毅, 吕秋壮. 篮球运动员踝关节柔韧性、本体感觉与踝关节损伤的预期性研究[J]. 广州体育学院学报, 2003, 23(003): 21-22.

[215] 李朝旭, 杨胜峰, 李旺华. 武术运动员上肢本体感觉能力与其训练程度问题研究[J]. 广州体育学院学报, 2002, 022(002): 84-85, 93.

[216] Peterlla R. J. Effect of age and activity on knee joint proprioception[J]. American Journal of Physical Medicine & Rehabilitation, 1997, 76.

[217] 杜晓宁. 有氧运动与青少年智力发展的关系[J]. 青少年体育, 2006, (6): 41-41.

[218] 林茵, 封寒. 通过太极拳运动改善老年人平衡功能[J]. 实用老年医学, 2006, 20(4): 245-246.

附录（插图、表格、问卷）

图目录

图 1　重要性－表现性示意图 ………………………………… 23
图 2　严重性－可能性示意图 ………………………………… 24
图 3　技术路线图 ……………………………………………… 26
图 4　学生体育教学运动安全风险识别流程图 ……………… 30
图 5　风险因素修正 IPA 矩阵（维度）………………………… 44
图 6　风险因素修正 IPA 矩阵（指标）………………………… 45
图 7　风险因素修正 IPA 矩阵（985/211 高校，维度）………… 50
图 8　风险因素修正 IPA 矩阵（985/211 高校，指标）………… 50
图 9　风险因素修正 IPA 矩阵（普通/专职高校，维度）……… 55
图 10　风险因素修正 IPA 矩阵（普通/专职高校，指标）……… 56
图 11　学校类型与风险认知（可能性）………………………… 60
图 12　学校类型与风险认知（严重性）………………………… 60
图 13　风险因素修正 IPA 矩阵（教师，维度）………………… 64
图 14　风险因素修正 IPA 矩阵（教师，指标）………………… 64
图 15　风险因素修正 IPA 矩阵（学生，维度）………………… 69
图 16　风险因素修正 IPA 矩阵（学生，指标）………………… 69
图 17　身份类型与风险认知（可能性）………………………… 73
图 18　身份类型与风险认知（严重性）………………………… 73
图 19　体育健康大数据中心生态系统结构图 ………………… 79
图 20　体育健康大数据的生命周期 …………………………… 81
图 21　体育健康大数据中心总体架构设计 …………………… 82
图 22　服务器节点图 …………………………………………… 84

附录（插图、表格、问卷）

图 23　体育健康大数据中心网络拓扑图 …………………………… 85
图 24　安全策略图 …………………………………………………… 92
图 25　双活容灾示意图 ……………………………………………… 94
图 26　数据资源层级图 ……………………………………………… 95
图 27　ActiveMQ 框架图 …………………………………………… 96
图 28　数据清洗路径图 ……………………………………………… 97
图 29　合作平台示意图 ……………………………………………… 101
图 30　移动终端 APP 界面原型图 ………………………………… 105
图 31　数据体系示意图 ……………………………………………… 106
图 32　基础信息管理示意图 ………………………………………… 108
图 33　JSON 格式数据解析成 Java 数据结构 …………………… 112
图 34　SourceConnector 开发的时序图 …………………………… 113
图 35　部分发布者的主题 …………………………………………… 113
图 36　Kafka Topic 管理 API ……………………………………… 114
图 37　AdminClient 原理图 ………………………………………… 115
图 38　SinkConnector 开发时序图 ………………………………… 118
图 39　AM-BPNN 模型的拓扑结构图 …………………………… 122
图 40　代码示意图 …………………………………………………… 123
图 41　网络学习过程及收敛结果 …………………………………… 124
图 42　中心数据库架构图 …………………………………………… 125
图 43　系统登录界面示意图 ………………………………………… 126
图 44　预约时间段及名额查看界面 ………………………………… 126
图 45　预约成功界面 ………………………………………………… 127
图 46　血管机能管理数据库界面 …………………………………… 128
图 47　体成分管理数据库界面 ……………………………………… 128
图 48　骨密度数据库界面 …………………………………………… 129
图 49　脊柱机能数据库界面 ………………………………………… 129
图 50　平衡能力管理数据库界面 …………………………………… 130
图 51　亚健康管理数据库界面 ……………………………………… 130
图 52　心肺功能管理数据库界面 …………………………………… 130
图 53　学生体育参与状况调查问卷 ………………………………… 131
图 54　系统管理界面 ………………………………………………… 132
图 55　数据分析界面 ………………………………………………… 133

图 56　学生体育安全风险防控机制模型图 …………………… 134
图 57　校园体育运动风险监控的程序和路径图 ……………… 146

表目录

表 1　风险识别方法表 ………………………………………… 28
表 2　学生体育教学运动安全风险因子分类 ………………… 34
表 3　学生体育教学运动前阶段风险评估表 ………………… 36
表 4　学生体育教学运动运行阶段风险清单 ………………… 37
表 5　样本描述性统计 ………………………………………… 39
表 6　高校体育运动风险因素量表的信度和效度检验结果 …… 40
表 7　风险因素严重性与发生可能性的分析结果（全样本）…… 43
表 8　第 I 象限指标结构（全样本）…………………………… 46
表 9　第 II 象限指标结构（全样本）…………………………… 46
表 10　第Ⅲ象限指标结构（全样本）………………………… 47
表 11　第 IV 象限指标结构（全样本）………………………… 47
表 12　风险因素严重性与发生可能性的分析结果
　　　（985/211 高校）……………………………………… 48
表 13　第 I 象限指标结构（985/211 高校）…………………… 51
表 14　第 II 象限指标结构（985/211 高校）…………………… 52
表 15　第Ⅲ象限指标结构（985/211 高校）…………………… 52
表 16　第 IV 象限指标结构（985/211 高校）………………… 53
表 17　风险因素严重性与发生可能性的分析结果
　　　（普通／专职院校）…………………………………… 54
表 18　第 I 象限指标结构（普通／专职院校）……………… 57
表 19　第 II 象限指标结构（普通／专职院校）……………… 57
表 20　第Ⅲ象限指标结构（普通／专职院校）……………… 58
表 21　第 IV 象限指标结构（普通／专职院校）……………… 59
表 22　风险因素严重性与发生可能性的分析结果（教师）…… 61
表 23　第 I 象限指标结构（教师）…………………………… 65
表 24　第 II 象限指标结构（教师）…………………………… 65
表 25　第Ⅲ象限指标结构（教师）…………………………… 66
表 26　第 IV 象限指标结构（教师）…………………………… 66

附录（插图、表格、问卷）

表 27　风险因素严重性与发生可能性的分析结果（学生）……… 67
表 28　第 I 象限指标结构（学生）………………………………… 70
表 29　第 II 象限指标结构（学生）………………………………… 70
表 30　第 III 象限指标结构（学生）………………………………… 71
表 31　第 IV 象限指标结构（学生）………………………………… 71
表 32　大学生会员参加健身俱乐部的动机 ……………………… 76
表 33　影响俱乐部发展的因素 …………………………………… 76
表 34　会员续卡率情况调查 ……………………………………… 77
表 35　会员愿意参加健身活动情况调查 ………………………… 77
表 36　容灾手段表 ………………………………………………… 92
表 37　Kafka connect 概念介绍 …………………………………… 112
表 38　个人基本数据集 …………………………………………… 116
表 39　穿戴设备数据集 …………………………………………… 116
表 40　体质测试数据集 …………………………………………… 117
表 41　体检数据集 ………………………………………………… 117
表 42　环境数据集 ………………………………………………… 117
表 43　大数据背景下体育教学风险指标体系及权重构建 … 120
表 44　大数据背景下体育教学风险状态划分 …………………… 121

基于大数据的学校体育教学与风险防控机制研究

大学体育课风险防范调查

为了更好地评估高校体育课堂的风险、提高体育课堂质量，我们正在进行学校体育课堂风险防范的相关调查。本问卷采用不记名的方式，答案无对错之分，调查结果仅为科研所用，对外绝对保密，您可放心填答。答题之前，请您认真阅读答题要求。您的宝贵意见将对本研究具有重要意义，谢谢您的合作！

"基于体育健康大数据的学生体育教学安全与风险防控机制研究"课题组

1. 您来自哪个省份城市

2. 您所在的高校名称：

3. 您所在高校类型
   - ○ 985
   - ○ 211
   - ○ 普通本科院校
   - ○ 高职高专院校

4. 您的身份
   - ○ 教师
   - ○ 学生

以下各题项都是体育风险因素，回答时包含两层意思，一是您所在院校发生此事件的频率；二是您认为各风险因素的严重程度，请根据您的真实看法和感受，点击您认可的选项。

5. 教师配比不足
   评价您所在院校发生此事件的频率和该风险因素的严重程度

	1	2	3	4	5	
几乎不发生	○	○	○	○	○	经常发生
非常不严重	○	○	○	○	○	非常严重

6. 教师无法维持良好教学秩序
   评价您所在院校发生此事件的频率和该风险因素的严重程度

	1	2	3	4	5	
几乎不发生	○	○	○	○	○	经常发生
非常不严重	○	○	○	○	○	非常严重

附录（插图、表格、问卷）

7. 教师擅自离岗失去对学生的监控
评价您所在院校发生此事件的频率和该风险因素的严重程度

	1	2	3	4	5	
几乎不发生	○	○	○	○	○	经常发生
非常不严重	○	○	○	○	○	非常严重

8. 教师贪图省事，减少操作环节
评价您所在院校发生此事件的频率和该风险因素的严重程度

	1	2	3	4	5	
几乎不发生	○	○	○	○	○	经常发生
非常不严重	○	○	○	○	○	非常严重

9. 教师从不检查场地设施及器材的安全性，或者使用器材不当
评价您所在院校发生此事件的频率和该风险因素的严重程度

	1	2	3	4	5	
几乎不发生	○	○	○	○	○	经常发生
非常不严重	○	○	○	○	○	非常严重

10. 教师的运动技术特长与教学内容不匹配
评价您所在院校发生此事件的频率和该风险因素的严重程度

	1	2	3	4	5	
几乎不发生	○	○	○	○	○	经常发生
非常不严重	○	○	○	○	○	非常严重

11. 教师传授不规范或错误的技术动作
评价您所在院校发生此事件的频率和该风险因素的严重程度

	1	2	3	4	5	
几乎不发生	○	○	○	○	○	经常发生
非常不严重	○	○	○	○	○	非常严重

12. 教师教学内容超出学生承受能力，对学生完成运动项目过于严苛
评价您所在院校发生此事件的频率和该风险因素的严重程度

	1	2	3	4	5	
几乎不发生	○	○	○	○	○	经常发生
非常不严重	○	○	○	○	○	非常严重

13. 教师对学生运动安全教育不足
评价您所在院校发生此事件的频率和该风险因素的严重程度

	1	2	3	4	5	
几乎不发生	○	○	○	○	○	经常发生
非常不严重	○	○	○	○	○	非常严重

基于大数据的学校体育教学与风险防控机制研究

14. 教师运动风险预判防范意识薄弱
评价您所在院校发生此事件的频率和该风险因素的严重程度

	1	2	3	4	5	
几乎不发生	○	○	○	○	○	经常发生
非常不严重	○	○	○	○	○	非常严重

15. 教师未对不宜参加体育课的学生采取特殊的教学措施
评价您所在院校发生此事件的频率和该风险因素的严重程度

	1	2	3	4	5	
几乎不发生	○	○	○	○	○	经常发生
非常不严重	○	○	○	○	○	非常严重

16. 学生隐瞒疾病、身体生理缺陷或伤病
评价您所在院校发生此事件的频率和该风险因素的严重程度

	1	2	3	4	5	
几乎不发生	○	○	○	○	○	经常发生
非常不严重	○	○	○	○	○	非常严重

17. 学生身体不适或体力不符合课堂要求
评价您所在院校发生此事件的频率和该风险因素的严重程度

	1	2	3	4	5	
几乎不发生	○	○	○	○	○	经常发生
非常不严重	○	○	○	○	○	非常严重

18. 学生心理素质较差或者存在心理障碍
评价您所在院校发生此事件的频率和该风险因素的严重程度

	1	2	3	4	5	
几乎不发生	○	○	○	○	○	经常发生
非常不严重	○	○	○	○	○	非常严重

19. 学生注意力不集中，身体失去控制或平衡
评价您所在院校发生此事件的频率和该风险因素的严重程度

	1	2	3	4	5	
几乎不发生	○	○	○	○	○	经常发生
非常不严重	○	○	○	○	○	非常严重

20. 学生准备活动不足，贸然逞能参加体育活动
评价您所在院校发生此事件的频率和该风险因素的严重程度

	1	2	3	4	5	
几乎不发生	○	○	○	○	○	经常发生
非常不严重	○	○	○	○	○	非常严重

附录（插图、表格、问卷）

21. 学生不了解器材及其操作方法而操作不当
    评价您所在院校发生此事件的频率和该风险因素的严重程度

	1	2	3	4	5	
几乎不发生	○	○	○	○	○	经常发生
非常不严重	○	○	○	○	○	非常严重

22. 学生不遵守规则做出超出技术水平和自身条件的动作
    评价您所在院校发生此事件的频率和该风险因素的严重程度

	1	2	3	4	5	
几乎不发生	○	○	○	○	○	经常发生
非常不严重	○	○	○	○	○	非常严重

23. 学生上课服装不符合要求
    评价您所在院校发生此事件的频率和该风险因素的严重程度

	1	2	3	4	5	
几乎不发生	○	○	○	○	○	经常发生
非常不严重	○	○	○	○	○	非常严重

24. 学生恶意违纪不服从安排擅自行动
    评价您所在院校发生此事件的频率和该风险因素的严重程度

	1	2	3	4	5	
几乎不发生	○	○	○	○	○	经常发生
非常不严重	○	○	○	○	○	非常严重

25. 器材装备数量和种类不能满足需要
    评价您所在院校发生此事件的频率和该风险因素的严重程度

	1	2	3	4	5	
几乎不发生	○	○	○	○	○	经常发生
非常不严重	○	○	○	○	○	非常严重

26. 器材装备不符合安全标准或有明显不安全因素
    评价您所在院校发生此事件的频率和该风险因素的严重程度

	1	2	3	4	5	
几乎不发生	○	○	○	○	○	经常发生
非常不严重	○	○	○	○	○	非常严重

27. 场地设施年久失修损坏
    评价您所在院校发生此事件的频率和该风险因素的严重程度

	1	2	3	4	5	
几乎不发生	○	○	○	○	○	经常发生
非常不严重	○	○	○	○	○	非常严重

28. 器材装备缺乏专业保护与救援措施
    评价您所在院校发生此事件的频率和该风险因素的严重程度

	1	2	3	4	5	
几乎不发生	○	○	○	○	○	经常发生
非常不严重	○	○	○	○	○	非常严重

29. 场地设施与活动要求不符，造成伤害事故
    评价您所在院校发生此事件的频率和该风险因素的严重程度

	1	2	3	4	5	
几乎不发生	○	○	○	○	○	经常发生
非常不严重	○	○	○	○	○	非常严重

30. 器材装备操作使用程序不当
    评价您所在院校发生此事件的频率和该风险因素的严重程度

	1	2	3	4	5	
几乎不发生	○	○	○	○	○	经常发生
非常不严重	○	○	○	○	○	非常严重

31. 教师未掌握运动损伤事故急救方法
    评价您所在院校发生此事件的频率和该风险因素的严重程度

	1	2	3	4	5	
几乎不发生	○	○	○	○	○	经常发生
非常不严重	○	○	○	○	○	非常严重

32. 教师缺乏对学生危险行为的监管
    评价您所在院校发生此事件的频率和该风险因素的严重程度

	1	2	3	4	5	
几乎不发生	○	○	○	○	○	经常发生
非常不严重	○	○	○	○	○	非常严重

33. 学生知识经验不足无法识别判断风险
    评价您所在院校发生此事件的频率和该风险因素的严重程度

	1	2	3	4	5	
几乎不发生	○	○	○	○	○	经常发生
非常不严重	○	○	○	○	○	非常严重

34. 学生因惊吓等作出错误或不当选择
　　评价您所在院校发生此事件的频率和该风险因素的严重程度

	1	2	3	4	5	
几乎不发生	○	○	○	○	○	**经常发生**
非常不严重	○	○	○	○	○	**非常严重**

35. 应对刮风、下雨、雾霾等恶劣天气的管理制度/方法不成熟
　　评价您所在院校发生此事件的频率和该风险因素的严重程度

	1	2	3	4	5	
几乎不发生	○	○	○	○	○	**经常发生**
非常不严重	○	○	○	○	○	**非常严重**

36. 应对疫情防控的管理制度/方法不成熟
　　评价您所在院校发生此事件的频率和该风险因素的严重程度

	1	2	3	4	5	
几乎不发生	○	○	○	○	○	**经常发生**
非常不严重	○	○	○	○	○	**非常严重**